Widmung

Ich widme dieses Buch all den Menschen, die sich beharrlich informieren und sich nicht von gängigen gesellschaftlichen Glaubenssätzen beeindrucken lassen.

Menschen, die es sich wert sind ihr Leben bewusst und freiheitlich zu leben.

Menschen, die keine Angst haben ihren eigenen Weg zu gehen.

Denn das sind die Menschen, die unsere Zukunft bestimmen!

Vorwort

Das Leben stellt einen immer wieder vor neue und scheinbar nicht zu meisternde Herausforderungen. Und so begab es sich, dass ich im Monat für meine Ernährung nur noch maximal 50 Euro zur Verfügung haben sollte. Ein auch für mich sehr niedrig erscheinender Betrag - gerade weil ich mich trotzdem vollwertig und gesund ernähren wollte und daher auf tierische und industriell verarbeitete Produkte verzichtete! Obwohl diese verarbeiteten Produkte oft billiger sind als das Ausgangsprodukt.

Ein tolles Beispiel in diesem Zusammenhang sind Haferflocken, die überall für 78 Cent/kg zu kaufen sind. Aber der Hafer, also das gesündere, weil nicht erhitzte Ausgangsprodukt, findet sich nirgends (in ebenfalls handelsüblichen Abpackungen) zu so einem Preis. Der Grund liegt darin, dass die erhitzten Haferflocken sich viel länger halten als der reine Hafer, da die Enzyme denaturiert werden. Aber ich möchte für meine Gesundheit lebendige und echte Lebensmittel. Das machte die Herausforderung bei 50 € im Monat noch größer!

Auf meinem YouTube-Kanal „Raw Spirit" stellte ich mein Projekt vor und die Zuschauer waren begeistert von der Idee. Andererseits gab es natürlich auch eine große Skepsis. Vollwertig, Rohkost und dazu noch einige Zutaten in Bio-Qualität für unter 50 € im Monat? Das geht doch nicht?!

Eine pflanzliche Rohkosternährung gilt für viele als die gesündeste aber auch einer der teuersten Formen der Ernährung. Einerseits ist das aufgrund der naturbelassenen Lebensmittel durchaus anzunehmen, aber andererseits kann man durch Wissen und Umstellung der Gewohnheiten daraus die billigste aller Ernährungsformen machen!

Nämlich dann, wenn man Nahrungsmittel nicht mehr nur in den Augen der Bequemlichkeit und des Genusses sieht, sondern mit dem Wissen bezüglich Regionalität, Funktionalität und Nährstoffdichte seine Ernährung sinnvoller gestaltet. Dieses Buch soll Dir auch gerade bezüglich der Nährstoffe ein gutes und dauerhaftes Gefühl vermitteln, welche Lebensmittel Du täglich zu Dir nehmen solltest.

Ich möchte Dir mit diesem Buch genau das aufzeigen und Dir eine Fülle an Tipps und Informationen für eine preisbewusste Rohkosternährung aus meiner eigenen Erfahrung an die Hand geben.

Das Buch ist eine Weiterführung und Ergänzung meines ersten Buches „Vegane Welt mit wenig Geld“! Ich werde hier NICHT noch einmal die vielen Tipps aus diesem Buch „recyceln“, sondern stelle komplett andere und neue Tipps vor, sodass sich beide Bücher sinnvoll ergänzen und man Beide guten Gewissens kaufen kann.

Hier stelle ich Dir zudem Rohkost-Rezepte vor, die weniger als einen Euro kosten, extrem nährstoffreich sind und oftmals schon ausreichen um Dich tatsächlich für einen Euro einen ganzen Tag komplett mit Nährstoffen zu versorgen - und das ohne Tricks aus dem ersten Buch wie Wildkräuter, Containern oder Food Sharing. Die Rohkost in diesem Buch ist komplett gekauft! Ich gebe Dir dazu genau an, WO Du WAS kaufen kannst. Auf diese Weise soll dieses Buch als ein **Praxisbuch** dienen, was Dich tatsächlich weiterbringt und durch das Du erlebst, wie preiswert die Rohkosternahrung sein kann.

Und das ist nicht nur wichtig für Menschen, die kein oder wenig Geld zur Verfügung haben. Nein, auch Menschen, die zwar viel Geld verdienen, aber sich gerne mehr um sich selber kümmern würden, jedoch sich die Zeit dafür nicht nehmen wollen, können von diesem Wissen und den Anregungen profitieren, da sie dadurch nicht so viel arbeiten müssen und ihre Lebensqualität durch mehr Zeit für sich und eine höhere Gesundheit steigern können.

Dafür ist es notwendig die exakte Nährstoffverteilung der Mahlzeiten herauszufinden und das habe ich bei JEDEM Rezept getan. Die Quelle dafür ist das weltweit größte Nährstoffportal Cronometer. Dazu gebe ich viele ergänzende Tipps rund um eine gesunde Rohkosternährung mit dem für mich absoluten Highlight des Buches: den **Ra**w **S**pirit **Po**wer **D**rink (RaSPoD). Dies ist ein Getränk unter 1 Euro was Stimmung und Konzentration für 4-6 Stunden extrem steigert! Gerade für Menschen die unter depressiven Schüben, Hormonschwankungen und Antriebslosigkeit leiden ist dieser Drink ein absoluter Lebensqualitätsbooster!

In diesem Buch rechnen wir nicht in Euro, sondern in Cent. Ich selber habe eine große Aversion gegen Geiz und bin alles Andere als ein Pfennig… pardon Centfuchser. Aber es ist auch mal sehr wichtig einmalig ein Gefühl für die Dinge zu bekommen und auch, gerade in Zeiten finanzieller Engpässe, den Cent zu ehren. Natürlich steht es Dir frei die Rezepte geschmacklich aufzupeppen und an Dein finanzielles Budget anzupassen. Die Rezepte sollen lediglich eine solide Grundlage für Dich sein.

Inhaltsverzeichnis

Rezepte 58

Kernelemente

Sprossen

Als Sprossen bezeichnet man junge Austriebe von Pflanzen, die sich in ihrem Entwicklungsstadium irgendwo zwischen Sämling und Jungpflanze befinden. Viele Nährstoffe können erst durch das Keimen für den Körper verwertbar gemacht werden.

Was bedeutet das nun für eine preisgünstige vollwertige Ernährung?

Wir sollten wann es nur geht keimfähige Lebensmittel auch keimen lassen! Ich möchte das am Beispiel der Linsen veranschaulichen. Ich habe mit einer Präzensionsgoldwaage exakt nachgemessen. Eine Trockenlinse wiegt 15 Milligramm. Eine Linsensprosse vervielfacht durch die Wasseraufnahme ihr Gewicht und wiegt nach 3 Tagen 72 Milligramm und damit das 4,8-fache.

Vergleichen wir nun die Nährstoffe zwischen 100 Gramm dieser von mir verwendeten Linsen und 480 Gramm entsprechender Linsensprossen, was ja beides dasselbe kostet, dann kommen wir zu folgenden Werten:

Proteine 100 g	Linsen	Linsensprossen
Arginin	1,9	2,9
Cystin	0,3	1,6
Histidin	0,7	1,2
Isoleucin	1,1	1,6
Leucin	1,8	3,0
Lysin	1,7	3,4
Methionin	0,2	0,5
Phenylalanin	1,2	2,1
Prolin	1,0	1,7
Threonin	0,9	1,6
Tryptophan	0,2	0,5
Tyrosin	0,7	1,2
Valin	1,2	1,9

Vitamine 100 g	Linsen	Linsensprossen
Vitamin B1	0,9	1,1
Vitamin B2	0,2	0,6
Vitamin B3	2,6	5,4
Vitamin B5	2,1	2,8
Vitamin B6	0,5	0,9
Folsäure	479	480
Vitamin A	38,3	216
Vitamin C	4,5	79,2
Vitamin E	0,5	0,5
Vitamin K	5,0	158,4

- Mineralien 100 g Linsen Linsensprossen

Mineralien 100 g	Linsen	Linsensprossen
Calcium	35	120
Kupfer	0,8	1,7
Eisen	6,5	15,4
Magnesium	47	177,6
Mangan	1,4	2,4
Phosphor	281	830,4
Kalium	677	1545,6
Selen	0,1	2,9
Zink	3,3	7,2

Es geht hier bei diesem Beispiel nicht um exakte Werte. Gerade weil je nach Bodenqualität und Anbieter die Nährwerte variieren. Auch von Sprosse zu Sprosse gibt es Unterschiede. Auch wiegt jede Sprosse unterschiedlich viel. Aber Du erkennst die Grundtendenz. Eine Sprosse bringt viel mehr fürs Geld als ein trockener Keimling! Gerade in diesem Beispiel explodieren die Werte für Vitamin A, C, K und Selen um ein Vielfaches.

Und darum geht es letztlich! Wir wollen für möglichst wenig Geld unseren Nährstoffbedarf komplett decken. Die Linsensprosse ist dazu sehr gut geeignet. Denn für 48 g Linsensprossen, welche 5,38 Cent kosten, bekommen wir bereits 10-20 % von Cystein, Phenylalanin, Folsäure, Vitamin B1, Vitamin K, Kupfer, Eisen, Mangan und Phosphor. Dazu 3-10 % des Tagesbedarfs von vielen Aminosäuren, Magnesium, Kalium und Zink.

Aber auch die Süßlupinensprosse ist ein echtes Preis-Leistungs-Wunder. Die Sprosse kommt zwar nur auf das 2,9-fache des Ausgangsgewichtes des Keimlings und kostet somit bei einem Grundpreis von 6,95 €/kg für die Keimlinge etwas mehr als die Linsensprosse, aber für dieselben 5,38 Cent (48 g Linsensprossen) und damit 22 g Süßlupinensprossen, bekommen wir bereits 10-20 % von Arginin, Cystein, Histidin, Isoleucin, Leucin, Lysin, Phenylalanin, Prolin, Threonin, Tryptophan, Tyrosin, Valin, Vitamin B1, Folsäure, Kupfer, Eisen, Magnesium, Mangan, Phosphor und Zink. Dazu 3-10 % von den restlichen Aminosäuren, Vitamin B2, B3, B5, B6, Calcium, Kalium und Selen!

Und das Tolle daran, diese Werte sind mit Sicherheit noch viel höher, weil es im gesamten Internet keine vertrauenswürdige Quelle der Nährstoffe von Süßlupinensprossen gibt und ich hier die Nährwerte der NICHT GEKEIMTEN Süßlupine genommen habe. Und wie wir bei der Linse gesehen haben, schnellt der Nährwert nach dem Keimen noch einmal nach oben!

Diese beiden Sprossen sind vom Preis-Leistungs-Verhältnis die am besten geeigneten Sprossen für eine preiswerte und vollwertige Rohkosternährung!

Wie kommt man zu diesen „Sprossen"?

1. Die Keimlinge 6 Stunden in kaltem Wasser einweichen
2. Abgießen und abdecken (beides Dunkelkeimer)
3. Nach 24 h im Sieb mit frischem Wasser abspülen
4. Abgießen und Abdecken und nach 24 h zu Schritt 3 zurückkehren

   Nach 2-3 Tagen können die Sprossen genutzt werden!

Irgendwann bekommt man ein gutes Gefühl dafür, sodass man immer Sprossen zur Hand hat.

Rohes Getreide

Rohes Getreide ist ein vielfach unterschätztes Lebensmittel. Schon Bircher-Benner hat mit seinem Frischkorn-Müsli in seiner Klinik gearbeitet und zahlreiche Promis der damaligen Zeit behandelt und geheilt. Bekannteste Patienten waren wohl Thomas Mann, Rainer Maria Rilke, Hermann Hesse, Wilhelm Furtwängler, Carl Friedberg und der König von Siam.

Es hält sich hartnäckig das Gerücht, dass rohes Getreide schwer verdaulich sei. Aber für die meisten Menschen trifft das nicht zu. Siehe dazu das Kapitel „Verdauungsbeschwerden" in diesem Buch. Du kannst das Getreide einfach in eine Flockenquetsche geben und es dann als Müsli essen. Als Alternative kannst Du auch auf das so genannte Frischkornmüsli zurückgreifen, bei dem einfach die Getreidemischung mit Wasser über Nacht im Kühlschrank gelagert wird und zum Morgen verzehrt werden kann.

Welches Getreide kommt denn in Frage?

Hafer eignet sich aufgrund des hohen Fettgehalts besonders für das Flocken. Aber auch jedes andere Getreide kann in einer handelsüblichen Flockenquetsche zu Flocken verarbeitet werden. Wer kein Geld für eine Flockenquetsche hat, der packt die Körner in eine Kunststofftüte und drückt/schlägt mit einem schweren Gegenstand (Hantelscheiben, Hammer etc.) drauf oder kauft eine billigere Getreidemühle, die notfalls auch zum Flocken zweckentfremdet werden kann. Es sollte aber unbedingt drauf geachtet werden, eine Getreidemühle mit Handbetrieb zu wählen. Technik geht erfahrungsgemäß eher kaputt als eine solide verarbeitete Handkurbel!

Von den Nährwerten hat so jede Getreideart ihre Vorzüge. Und da wir optimal kalkulieren wollen, habe ich eine „goldene Mischung" kreiert, die die Vorteile aller Getreidearten vereint und aufgrund der unterschiedlichen Preise der Getreidearten das günstigste Komplettpaket ist. Doch bevor ich zu den einzelnen Getreidearten etwas sagen möchte, ein Wort für die Menschen die unter einer Gluten-Unverträglichkeit leiden. Ganz einfache Lösung: Buchweizen! Dieser kann ebenfalls geflockt oder als Frischkornmüsli verzehrt werden. Ich werde bei den Rezepten auch glutenfreie Rezepte mit einfügen.

Kommen wir nun zu den einzelnen Getreidearten meiner goldenen Mischung und deren jeweiligen Merkmale!

Hafer schmeckt mir einfach am besten. Haha, ja auch der Geschmack spielt tatsächlich eine Rolle, auch wenn man nur 50 € zur Verfügung hat! Hafer hat den höchsten Fettanteil der drei Getreidearten und da Fett auch als Geschmacksträger fungiert, wird Hafer von vielen Menschen als die leckerste Getreideart wahrgenommen. Aus diesem Grund sind die Regale im Supermarkt mit Haferflocken und nicht mit Dinkel- oder Roggenflocken voll.

Auch weil Hafer sich wie schon angemerkt am besten flocken lässt. Zudem hat Hafer den höchsten Anteil an Vitamin B1, Selen, Zink und der gerade für Veganer sehr wichtigen Aminosäure Lysin aller drei Getreidesorten.

Dinkel hat den höchsten Proteingehalt, der sich gut mit dem auch sehr hohen Proteingehalt von Hafer ergänzt. Ein weiterer großer Vorteil ist der hohe Anteil an Vitamin B3, welches für Haut, Nerven und Stoffwechsel für unseren Körper von essentieller Bedeutung ist. Sowohl Roggen als auch Hafer kann bei Vitamin B3 dem Dinkel nicht das Wasser reichen. Nicht zuletzt hat Dinkel einen sehr nussigen Geschmack, der den vollmundigen Hafer- und den eher herben Roggengeschmack wunderbar ergänzt!

Roggen hat im Gegensatz zu Dinkel (15 g/100 g) und Hafer (13 g/100 g) die wenigsten Proteine (10 g/100 g) aber die kompletten essentiellen B-Vitamine (außer B12) in einer gleichmäßigen Verteilung und kann so auch die Löcher bei B2, B5 und B6 schließen! Roggen ist zudem das preiswerteste Getreide aller drei Getreidearten.

Nun habe ich aus all den Informationen eine „goldene" Mischung kreiert indem die Vorteile der entsprechenden Getreidearten am besten zur Geltung kommen und die ich fortan als goMi bezeichnen werde. Sie besteht aus 50 % Hafer, 20 % Dinkel und 30 % Roggen und kostet 0,23 €/100 g in Bio-Qualität. Die Nährstoffe dieser Kombination lesen sich bereits hervorragend. Für nur 23 Cent bekommen wir schon einiges an Nährstoffen.

- Proteine % des Tagesbedarfs der goMi
    - Arginin 23
    - Cystin 69
    - Histidin 32
    - Isoleucin 37
    - Leucin 35
    - Lysin 21
    - Methionin 21
    - Phenylalanin 62
    - Prolin 40
    - Threonin 31
    - Tryptophan 50
    - Tyrosin 34
    - Valin 40
    -
- Vitamine
    - Vitamin B1 33
    - Vitamin B2 13
    - Vitamin B3 20
    - Vitamin B5 24
    - Vitamin B6 14
    - Folsäure 9
    - Vitamin A 0
    - Vitamin C 0
    - Vitamin E 4
    - Vitamin K 28

- Mineralien
    - Calcium 4
    - Kupfer 45
    - Eisen 48
    - Magnesium 31
    - Mangan 138
    - Phosphor 55
    - Kalium 9
    - Selen 38
    - Zink 30

Ein Hinweis noch: Ich habe Haferflocken in ihrem Vitamin K Gehalt angepasst, da Cronometer mit 2 Mikrogramm pro 100 Gramm berechnet, aber viele Quellen inkl. aller deutschen Ernährungsportale die Menge mit 63 Mikrogramm angeben.

Die Milch macht's!

Machen wir uns nichts vor, die meisten von uns sind mit der „guten Milch" aufgewachsen und entsprechend ist sie gerade beim Frühstück oder als Flüssigkeit zum hochwertigen Verfeinern einer Speise Standard geworden. In einer reinen Rohkost kommt die industriell verarbeitete Pflanzenmilch, egal aus welcher Pflanze, nicht in Frage. In einer preisbewussten Rohkost erst recht nicht. In einer optimalen Ernährung, die zudem preislich stark reglementiert ist, muss man genau schauen, was man nutzt und in welchem Zusammenhang man Lebensmittel einsetzt, um alle Nährstoffe abzudecken und sich trotzdem relativ komfortabel zu ernähren. Ausgehend von meinem Monat, in dem ich von unter 50 € rohköstlich gelebt habe, kam anfangs immer wieder das Problem der Omega-3-Fette, die sehr wichtig für unseren Körper sind, auf. Zeitgleich brauchte ich eben auch eine Art Milch, um zum Beispiel die Getreidevariationen in vertrauter Manier in Form eines Müslis einnehmen zu können und das Verhältnis vom Omega 3 zu Omega 6 optimaler zu gestalten.

Leinsamenmilch oder Chiasamenmilch ist die Lösung. Beide Samen sind reich an Omega-3-Fettsäuren und ergeben zusammen mit Wasser im Mixer eine wunderbare Milch. Je nachdem wie hoch der Anteil der Samen gegenüber Wasser ist, kann man es sehr cremig gestalten, bis hin zu einer sehr wässrigen Milch. Aufgrund der Tatsache, dass 20 Gramm Lein- bzw. Chiasamen bereits ausreichen, um den Omega-3-Bedarf zu decken, ist mein Grundrezept für eine Lein-/Chiamilch 20 g Samen auf 500 ml Wasser. Das bedeutet, ein halber Liter Leinsamenmilch kostet mich 5 Cent und ein halber Liter Chiasamenmilch kostet mich 9,9 Cent.

In den geringen Margen, mit denen wir in diesem Buch auskommen müssen, könnte man versucht sein, diese Lein-/Chiasamenmilch wegzulassen, weil man dadurch ja nur einen einzigen Nährstoff abdeckt. Aber das Problem dabei ist, dass wir in einer pflanzlichen Rohkosternährung gar nicht so viele Omega-3-Quellen haben.

Da gibt es noch die Hanfsamen oder die Wallnüsse. Beides 1. teuer und 2. ein bei Weitem nicht so gutes Omega-3-zu-Omega-6-Verhältnis wie Lein- und Chiasamen. Auch hilft Leinsamen etwas, das Vitamin A zu pushen und Chiasamen das Vitamin K. Mineralstoffarmut haben wir durch das rohe Getreide sowieso nicht, daher nur der Hinweis, dass diese Samen auch dazu etwas beitragen. Das größere Problem in einer preiswerten Rohkosternährung sind die Vitamine!

Also Lein-/Chiasamen sind unerlässlich und absolut notwendig!

Immer wieder Wasser

Früher konnte man in Deutschland in der Ernährung mit zwei Lebensmitteln die größten Gewinnspannen einfahren: Eis und Pizza. Das erklärt auch, warum Eisdielen ohne Probleme das halbe Jahr im Winter zu haben können und trotzdem dem Besitzer ein sehr gutes Leben verschaffen. Seit den letzten zwei Jahrzehnten ist aber leider ein drittes Lebensmittel in den Fokus geschäftstüchtiger Menschen geraten: Wasser. Und die Negativ-Propaganda und das Marketing rund um Wasserprodukte vernebelt den meisten Menschen die klare Sicht auf unser Wasser.

Leitungswasser ist aufgrund seiner universellen Bedeutung und als Hauptnahrungsmittel der Menschen das in Deutschland am besten und strengsten kontrollierte Lebensmittel. Die Wasserqualität in Deutschland ist nach wie vor sehr gut. Neue Filterverfahren und eine rasant steigende Technisierung und Automatisierung sorgen für stetig sauberes und gutes Wasser. Das ist das Ergebnis der ständig durchgeführten Proben des Umweltbundesamtes.

Aber natürlich ist das Wasser nicht zu 100 % rein. In Zeiten von Glyphosat und Antibiotika finden sich diese Stoffe natürlich auch in dem Elixier, das auch als das „Blut der Erde“ bezeichnet wird. Und zwar im Trinkwasser aus dem Hahn genauso wie im idyllisch gelegenen Bergbach.

Was will ich damit sagen? Ja natürlich existieren Schadstoffe im Wasser und das ist weder wünschenswert noch vermeidbar. Aber auch unsere Luft, gerade in Städten, hat oft ein Vielfaches an schädlichen Konzentrationen als das Trinkwasser und entsprechend existieren Grenzwertüberschreitungen da viel häufiger.

Aber während es in asiatischen Ländern schon Gang und Gebe ist mit Mundschutz rumzulaufen, wird in Deutschland über das bei weitem nicht so verunreinigte Wasser geredet. Warum? Mit Mundschutzmasken für ein paar Cent lässt sich kein Geld verdienen! Mit Wasserfiltern, rechts und links gedrehtem, energetisiertem und von speziellen Mikroben aufgewertetem Wasser und alledem was noch kommen mag, kann durch die Kombination von Angstmachen und Lösung anbieten ein Vermögen gemacht werden.

Ich war schon in etlichen als Informationsveranstaltungen getarnten Werbeverkaufsveranstaltungen und kann als gelernter Dipl. Betriebswirt dem gesamten Wassermarkt nur eine 1 mit Sternchen geben, wenn es darum geht, aus Nichts Gold zu machen! Ja man kann Wasser von Schadstoffen noch mehr befreien als es der Standard beim Trinkwasser ist, aber es ist ausgehend der aktuellen Studienlage und der Tests des Umweltbundesamts NICHT notwendig.

Wer jedoch viel Geld zur Verfügung hat, der kann natürlich sein Wasser noch mehr von Schadstoffen befreien und sein Vermögen diesbezüglich auch einsetzen. In diesem Buch geht es um eine gesunde und preiswerte Rohkosternährung und da ist für eine Extremisierung in Grenzbereichen kein Platz. Eine gesunde Toleranz auch im Umgang mit Schadstoffen gehört zu einer optimalen Gesundheit genauso dazu wie die Ernährung selber.

„Nur wer seinen eigenen Weg geht, kann von niemandem überholt werden."

Sokrates

Persönliches

Wertschätzung beim Essen

Nach meinen wochenlangen Ausflügen in die Natur weiß ich es immer wieder zu schätzen einfach eine Packung Rosinen aufzumachen und einfach in so eine von irgendjemanden angebaute, gepflegte, gepflückte, gedörrte, abgepackte, versendete und irgendwo im Laden ausgelegte zuckersüße Frucht zu essen. Nach zwei Tagen voller Wildgrün und Ernährung aus der Natur wieder einen Apfelbaum zu erblicken und einen frischen reifen Apfel zu essen ist immer wieder ein Glücksgefühl, was von einer großen Wertschätzung getragen wird.

Man ist in unserer Überflussgesellschaft schnell versucht, diese Dinge als „billig“ oder „alltäglich“ einzustufen. Aber diese Dinge sind kostbar und wir einfach nur unglaublich privilegiert, diese jederzeit für so wenig Real-Geld kaufen zu können.

Ich hatte auch Phasen, in denen ich beim Essen einfach nur von der Werbung oder ausgehend ihrer Seltenheit besonders hochwertige Lebensmittel zu mir nehmen und mir damit etwas „Gutes“ tun wollte. Aber das entsteht einfach nur im Gehirn. Unsere Väter und Großväter in den Nachkriegsjahren waren schon zufrieden, wenn sie irgendwie dieses Hungergefühl im Magen weg bekommen haben. Da wurde ein Apfel oder eben auch Rosinen oder gar Bananen als etwas Besonderes und Wertvolles angesehen.

Was will ich damit sagen? Du kannst selber entscheiden, wie Du die Einfachheit meiner Ernährung beurteilst. Umso gesünder ein Mensch im Geiste ist, und dazu zählt auch der Respekt, die Demut und die Bewusstheit, desto weniger braucht er das Essen als Kompensation und umso mehr nutzt er die Nahrung in ihrem eigentlichen Sinne: „sich zu ernähren". Ich habe sehr oft das Gefühl, dass diesbezüglich bei sehr vielen Menschen noch sehr viel Luft nach oben ist. Also los geht's!

Verdauungsprobleme

Viele Menschen leiden unter Verdauungsproblemen. Und ein großer Teil dieser Menschen gibt dies auch als Grund an, warum sie nicht den Anteil der Rohkost in ihrer Ernährung erhöhen. Dabei sind in nahezu allen Fällen die Verdauungsprobleme genau darin begründet, dass man sich zu lange zu wenig natürlich und unverarbeitet ernährt hat und dadurch dem Darm geschadet hat.

Eine typisch westliche Ernährung ist vor allem arm an unlöslichen Ballaststoffen. Sogar unter Rohköstlern gibt es Menschen die zum Beispiel bei Nussmilch die wertvollen Ballaststoffe wegfiltern, um die Nussmilch ohne störende Partikel „genießen" zu können. Dass diese Menschen dadurch ihr Leben weniger genießen können, eben aufgrund eines ungesünderen Darmes, wird nicht realisiert. Da wird lieber von Verdauungsproblemen gesprochen als ob es etwas wäre, was naturgegeben ist und damit eine Rechtfertigung gefunden, die eine gesunde Umstellung der Ernährung verhindert.

Hier kann man wunderbar erkennen, wie diffizil die Mechanismen der Bequemlichkeit und der Komfortzone sind. Unterstützt wird dieser Mechanismus auch noch dadurch, dass der Darm tatsächlich auch als Rückkopplungsinstrument arbeitet. Denn wer noch Milchprodukte verzehrt und damit eine artfremde Ernährung zu sich nimmt, dem wird das durch den Darm natürlich auch mitgeteilt.

Diesen Unterschied zu erkennen stellt die große Kunst in der Gesundung des eigenen Körpers dar. Die besten Instrumente dafür sind Erfahrung und das Experimentieren mit dem eigenen Körper. Niemand außer Dir kann ein besserer Beurteiler und Ratgeber für Deinen Körper sein. Probiere einfach aus.

Wenn Du Probleme aufgrund einer Laktoseintoleranz hast und weiter Milchprodukte konsumierst, wird es immer schlimmer. Wenn Du hingegen Obst- und Gemüsesorten konsumierst, die nur aufgrund Deiner bisherigen Vernachlässigung der Darmgesundheit „Probleme" verursachen, wird sich Besserung einstellen.

Die Ausnahme, dass Du wirklich eine genetisch veranlagte Darmkrankheit hast, kannst Du erst einmal wirklich beiseitelegen. Das ist gemessen an Menschen mit Verdauungsproblemen extrem unwahrscheinlich. Siehe dazu auch die Bücher „Eat to Live" und „How not to die", die ich beide bedingungslos empfehle.

Je länger Du Deinen Darm nicht gefordert hast und dessen Leistungsfähigkeit ausgereizt hast, desto länger dauert es diese wiederherzustellen. Auch ist der Verdauungstrakt natürlichen Alterungsprozessen unterlegen und verliert mit der Zeit an Elastizität.

All diese Dinge führen dazu, dass eine generelle Einschätzung Deiner persönlichen Situation und Deines Darms nicht möglich ist. Wichtig ist, und das solltest Du Dir mitnehmen:

1. dass Du auf keinen Fall den Genuss der Lebensmittel über Deine Gesundheit stellen solltest, denn wer einen gesunden Körper und Geist hat, genießt in Summe das Leben mehr, als wenn er aus Kompensation eines nicht vollständig zufriedenen Lebens in der Zubereitung und den Konsum von Lebensmittel Befriedigung sucht.

2. dass Verdauungsprobleme oft reine Umstellungsanpassungen sind und man sich die Zeit nehmen sollte diese über einen langen Zeitraum zu beobachten und damit dem Körper die realistische Chance gibt zu gesunden.

Sprich in einer ruhigen entspannten Minute einmal folgenden Satz und fühle in Dich hinein, wie Du damit resonierst:

„Eine natürliche und unverarbeitete Nahrung ist die beste für die natürliche Gesundheit meines Körpers."

Bei den meisten entsteht eine klare emotionale Resonanz, ein deutliches JA Gefühl und erst wenn man darüber nachdenkt kommt ein ABER... Das liegt daran, dass unser Verstand mit falschem Wissen und bewusst initiierten Zusammenhängen von monetär motivierten Anspruchsgruppen wie der Pharmaindustrie einfach manipuliert werden konnte. Dein JA zu diesem Statement sollte Dir mehr wert sein, als Dein gesamtes Wissen und Dein Verstand.

Wenn Du soweit bist, Deinem Gefühl zu vertrauen, dann überstehst Du auch die anfänglichen Verdauungsprobleme und gibst Deinem Körper die realistische Chance diese dauerhaft zu entfernen.

Das Thema Verdauungsprobleme kann natürlich nicht ohne das Pupsen auskommen. Pupsen ist ein natürlicher Prozess, um überschüssiges Gas entweichen zu lassen. Doch wie wird dieser natürliche Prozess in unserer Gesellschaft gehandhabt und was sind die Folgen davon? Während Tiere einfach pupsen, wenn sie pupsen müssen, legen sich viele Menschen gesellschaftliche Etikette auf und pupsen nicht dann, wann sie müssen, sondern dann, wann und wie sie dürfen. So wie sie es gelernt haben, wider ihrem natürlichem Bedürfnis. Kann das gut sein?

Nein mit Sicherheit nicht! Viele Menschen, mit denen ich gesprochen habe und die unter Verdauungsproblemen leiden, haben einen Blähbauch und genau diese Menschen geben auch an gelernt zu haben, nicht laut in der Öffentlichkeit zu pupsen, sondern es nicht nur versuchen leise zu machen, sondern aus Angst vor dem Geruch sogar komplett zu unterdrücken. Und das über Jahre!

Natürlich realisiert der Körper dann, dass er nicht immer pupsen darf und sucht einen anderen Ort für die Gase und belässt diese erst einmal im Körper. Ein klassisches Beispiel wie unsere gesellschaftliche Kultur die eigene Gesundheit radikal beschneidet.

Diese „Verdauungsprobleme", wie der Blähbauch, sind oftmals selbst gemacht und mit einer natürlichen Lebensweise gehört das der Vergangenheit an. Aber auch hier gilt, es braucht natürlich etwas Zeit bis der Körper wieder realisiert, dass er seinen natürlichen Bedürfnissen nachkommen darf.

Also bitte fang heute damit an wieder laut und hemmungslos zu pupsen, wenn der Körper das möchte. Oder sind Dir die gesellschaftliche Kultur und die Meinung von Anderen über Dich wichtiger als Deine Gesundheit?

Das Überwinden des Marketings: Tierfutter

Wir sind willige und leicht zu steuernde Konsumopfer, daran besteht wohl kein Zweifel, aber wie stark diese Steuerung geht, das realisieren nur die wenigsten Menschen. Steht auf einer Packung Tierfutter drauf und auf einer anderen Packung irgendein Markenname, dessen Urheber uns mit Werbung seit Jahren beschallt und die eine Packung kostet das 10-fache, dann nehmen wir trotzdem diese, anstatt unseren Verstand einzuschalten. Wider jeglicher Vermutungen existieren bei Tierfutter, gerade bei Vogelfutter, ebenso strenge Richtlinien wie bei Menschenfutter, da Tiere oft sensibler auf das Essen reagieren, weil sie noch ihre natürlichen Instinkte haben und sich nicht chronisch artfremd ernähren wie der Mensch es im Stande ist. Ebenso lassen Tiere sich nicht so leicht manipulieren mit Gewürzen, lustigen Verpackungen und Geschmacksverstärkern, die dazu führen, dass man Nahrung, die einem nicht gut tut, sogar mit Genuss verzehrt und angeborenen Ekel ignoriert.

Welcher Mensch würde sich tatsächlich unter das Euter einer Kuh legen und die Muttermilch frisch aus dem Euter absaugen?

Welcher Mensch würde die Menstruation des Huhnes, wenn sie gerade aus der Kloake kommt, mit Genuss sich einverleiben?

Welcher Mensch springt, wenn er eine Ente am See sieht, auf sie drauf und frisst diese auf?

Wir sind durch die massive physische Verarbeitung der Produkte und der Manipulation und Konditionierung unserer Wahrnehmung durch die Unternehmen gar nicht mehr in der Lage unseren ureigensten Instinkten zu folgen. Im Praxistest habe ich gerade bei dem Vitamin-E-Lieferant Sonnenblumenkerne und auch bei Erdnüssen persönlich die reale Erfahrung gemacht, dass sich Tierfutterprodukte deutlich wahrnehmbar echter anfühlen und natürlicher empfunden werden. Auf keinen Fall gibt es irgendeinen Nachteil für mich, Tierfutter zu bestellen anstatt Menschenfutter.

Ich fühle mich sogar geistig befreit etwas zu bestellen, was unverarbeitet und nicht für den Menschen aufbereitet präsentiert wird. Dadurch entfällt nämlich die komplette Manipulation und verhindert die Anreicherung mit Stoffen durch enzymatische Behandlungen oder Geschmacksträgern, die uns Menschen manipuliert. Im Anhang, wo ich alle Produkte, die ich in diesem Buch bespreche, verlinkt habe, habe ich Erdnüsse und Sonnenblumenkerne, die ich in „Tierfutterqualität" kaufe verlinkt. Aber Dir steht es natürlich auch frei andere Produkte in dieser Qualität zu kaufen und zu testen.

Zum Beispiel gibt es Buchweizen HIER für 1,08 €/kg, wo man sonst 2,49 €/kg zahlt. Weiterhin gibt es Äpfel und Rote Beete auch als Futtervariante. Sie unterscheidet sich nur darin, dass die Knollen nicht der Größen- und Aussehen-Norm entsprechen und quasi der Rest der Knollen ist, der nicht in den Handel kommt. Dann gibt es noch unzählige andere Lebensmittel, die Du beim Streifen durch die Tierfutterhandlungen und die Bauernhöfe entdecken kannst. Unglaublich was man da teilweise sparen kann und man keine schlechtere Qualität bekommt. Die Links (nur in der E-Book-Variante anklickbar) zu den Tierprodukten findest Du im Anhang. Aber fühl Dich frei, einfach im Netz und in den Zoohandlungen dieser Welt die Augen offen zu halten. Findest Du tolle Tiernahrungsprodukte, dann teile mir das unbedingt auf meinem YouTube-Kanal „Raw Spirit“ mit!

Warum man mit der Rohkost im Winter anfangen sollte!

Dieses Buch wurde im Winter veröffentlicht und ich kenne viele Menschen, die sagen immer im Winter ist die schlechteste Zeit mit der Rohkost anzufangen. Als Gründe dafür werden genannt, dass die Auswahl an preiswerten rohköstlichen Lebensmitteln viel geringer sei und dass man doch im Winter was Warmes brauche. Der erste Grund ist tatsächlich wahr (was aber, wie ich gleich zeige, kein Nachteil sein muss), der Zweite ist jedoch gleich doppelt falsch:

1. Es gibt keinen einzigen wissenschaftlichen Beleg, dass „Der Mensch etwas Warmes braucht!"

2. Man kann auch in der Rohkost warme Speisen zubereiten, da man durch das Dörren und Erwärmen auf 40 Grad sehr wohl wärmende Speisen zubereiten kann. Also verabschiede Dich von dem Gedanken, dass der Winter eine schlechte Zeit ist, mit der Rohkost anzufangen. Es ist IMMER die beste Zeit mit der gesündesten Ernährung sofort anzufangen!

Darüber hinaus ist ausgehend meiner Erfahrung genau der Winter die BESTE Zeit für die Umstellung auf eine Rohkost-Ernährung oder eine Ernährung mit höherem Rohkostanteil. Und das aus drei Gründen, die auch alle miteinander zusammenhängen.

Der erste Grund ist, dass man gerade am Anfang einer Umstellung noch von der Euphorie getragen wird und entsprechend viel mehr Entbehrungen erträgt als im späteren Alltag. Entsprechend ist die schwierigste Zeit eben die beste Zeit, gerade dann, wenn die schwierige Zeit jedes wieder Jahr kommt und sie perspektivisch sowieso nicht vermieden werden kann. Daher direkt am Anfang der Zeit der höchsten Motivation klären, ob man in dieser Jahreszeit mit der Rohkost leben kann.

Der zweite Grund ist, dass es immer leichter wird, umso länger die Umstellung dauert, da die Auswahl Richtung Sommer immer mehr zunimmt. Ab April kommen quasi jede Woche neue Früchte- und Gemüsesorten hinzu, auf die man sich freuen kann und die auch die Auswahl erweitern. Der Motivationsabfall wird daher durch das Hinzukommen immer neuer Früchte- und Gemüsesorten aufgefangen.

Und der dritte Grund: Man lernt die saisonalen Sachen viel besser kennen, da man aufgrund der Begrenztheit des potenziellen Einkaufs eine viel höhere Aufmerksamkeit im Winter hat. Gerade wenn man auch den Preis im Auge hat und sich nicht mit Flugmango und Fluganananas den Bauch vollstopfen will. Und gerade bei saisonaler Ware lernt man zudem über das ganze Jahr die Gemüse- und Obstsorten der eigenen Region im Jahreskreis kennen.

Wenn man saisonal und regional einkauft, dann kauft man billig ein und man schult seine Kreativität, weil man ja quasi alle Gemüse- und Obstsorten über das Jahr verteilt gebraucht und benutzt. Weiterhin gibt man dem Körper genau das, was er zur entsprechenden Jahreszeit auch braucht.

Also der richtige Zeitpunkt, um anzufangen, sein Leben positiv zu verändern, ist immer **JETZT**!

„Gehe so weit, wie Du sehen kannst.
Wenn Du dort ankommst, wirst Du sehen,
wie es weitergeht."

John Maynard Keynes

Wissen

Wie viel Nährstoffe brauchen wir?

Jeder weiß mittlerweile, dass die Deutsche Gesellschaft für Ernährung maßgebend ist, wenn es darum geht zu bestimmen, wie viel Gramm wir von diesem oder jenen Nährstoff benötigen. Aber wie kommt die DGE eigentlich auf diese Werte und was bedeutet das für unsere Ernährung?

In einem ersten Schritt wird für jeden Nährstoff eine Bevölkerungsgruppe gesucht, die keinerlei Mangelerscheinungen dieses Nährstoffs hat und damit als gut versorgt gilt. Diese ist dann die repräsentative Bevölkerungsgruppe, der eine gaußsche Normalverteilung (Glockenkurve) unterstellt wird, welche dann die Grundlage weiteren Berechnungen ist. Bei diesen Berechnungen werden zwei Standardabweichungen ausgehend der Mitte der Bevölkerungsglocke nach oben und nach unten geschlagen. Diese Punkte entsprechen dann dem RDA, der so genannten „recommended dietary allowances“, was wiederum die zahlenmäßige Grundlage der Werte der DGE ist. Oder mal weniger mathematisch ausgedrückt: Man sucht sich eine Bevölkerungsgruppe ohne Mangelerscheinungen und ausgehend einer typischen Verteilung so einer Menschengruppe schlägt man noch ca. ein Viertel auf diesen Wert drauf. Also, obwohl man schon eine Bevölkerungsgruppe ohne Mangelerscheinungen gewählt hat und obwohl in dieser Bevölkerungsgruppe alle Arten von gesunden und ungesunden Ernährungstypen enthalten sind, kranke Menschen, Menschen mit Stoffwechselproblemen, Raucher, Fleischesser und Alkoholiker, werden nochmal auf diese schon sehr komfortablen Werte 23 % draufgeschlagen.

Generell ist die Frage, ob man wirklich von einer optimalen Empfehlung seitens der DGE sprechen kann, wenn man die Werte auf Grundlage der Existenz von Mangelerscheinungen berechnet. Denn gerade bei fettlöslichen Nährstoffen kann ein Zuviel durchaus auch Schaden anrichten.

Was bedeutet das nun aus meiner Sicht? Ich als Rohköstler mit einem gesunden Darm sollte wohl mit 40-50 % der DGE-Empfehlungen im Optimum liegen. Der durchschnittliche Mensch eben genau bei jenen 77 % die auch die Mitte der gaußschen Normalverteilung darstellen. Ich habe dazu auch auf meinem Kanal „Raw Spirit“ ein Video gemacht.

In der Nährstoff-Auswertung zu meinen Rezepten verwende ich folgende absolute Werte als Grundlage für die prozentuale Angabe. Wenn Du aufgrund spezieller Konstitution oder bestimmter Überzeugung von diesen Werten abweichen möchtest, dann kannst Du entsprechend die Werte bei den Rezepten anpassen. Diese Werte sind ausgehend meiner Recherche der aktuelle Konsens aller Ernährungsinstitute und aktuellen Forschungsergebnisse.

- Proteine Tagesbedarf
  - Arginin 3 g
  - Cystin 0,57 g
  - Histidin 0,84 g
  - Isoleucin 1,14 g
  - Leucin 2,52 g
  - Lysin 2,28 g
  - Methionin 0,57 g
  - Phenylalanin 0,99 g
  - Prolin 2 g
  - Threonin 1,2 g
  - Tryptophan 0,3 g
  - Tyrosin 0,99 g
  - Valin 1,44 g

- Vitamine
  - Vitamin B1 1,2 mg
  - Vitamin B2 1,3 mg
  - Vitamin B3 16 mg
  - Vitamin B5 5 mg
  - Vitamin B6 1,3 mg
  - Folsäure 400 µg
  - Vitamin A 3000 mg
  - Vitamin C 90 mg
  - Vitamin E 15 mg
  - Vitamin K 120 µg

- Mineralien
    - Calcium 1000 mg
    - Kupfer 0,9 mg
    - Eisen 8 mg
    - Magnesium 420 mg
    - Mangan 2,3 mg
    - Phosphor 700 mg
    - Kalium 4700 mg
    - Selen 55 µg
    - Zink 11 mg

Sehr wichtig ist auch das Omega-3-zu-Omega-6-Verhältnis, was idealerweise irgendwo zwischen 1:4 bis hin zu 1:1 liegen sollte.

Der Mythos vom Einweichen

Jeder Rohkostinteressierte kennt die Empfehlung die Nüsse vor dem Verzehr einzuweichen, um untern anderem die Phytate, die in den Nüssen vorhanden sind, abzubauen. Warum dieser Ratschlag nicht optimal ist, möchte ich gerne erklären. Das Negative an Phytaten ist, dass sie die Mineralstoffaufnahme hemmen. Doch woher kommt diese Annahme, die in den sozialen Medien der Rohkostszene einfach immer wieder unreflektiert wiedergegeben wird?

Sie geht auf zwei Forschungsversuche zurück, die an Welpen und Ratten durchgeführt wurden, welche nach der häufigen Einnahme von vielen Phytaten eine schwächere Knochenstruktur und damit mehr Brüche zu erleiden hatten. Mittlerweile gibt es aber neuere Studien, die die Auswirkungen der Phytate auf MENSCHEN untersucht haben und genau das Gegenteil beweisen. Menschen, die mehr Phytate essen haben eine höhere Knochenmineraldichte und damit weniger Knochenschwund und weniger Hüftfrakturen.

Die Studien dazu, die ich in meiner Recherche zu diesem Thema gefunden habe, werde ich Dir direkt am Ende dieses Kapitels verlinken. Neben dem ökologischen Aspekt der elektronischen Bücher ist es eine wunderbare Sache, dass man direkt aus dem Lesen heraus im Internet auf entsprechende Studien klicken kann. Allerdings werde ich die Links zu den Studien auch in Volltext für diejenigen niederschreiben, die mein Buch als echtes Buch gekauft haben. Bei den Lebensmitteln meiner Webseite oder meinem anderen Buch bin ich mir sicher, dass Du diese auch mit der Google-

Suchfunktion finden wirst. Aber gute Studien zu einem Thema zu finden ist nicht so leicht und aufwendig zu recherchieren.

Zurück zum Thema! Die „bösen" Phytate hat man in einer anderen Studie direkt gegen das Anti-Osteoporose-Medikament Fosamax antreten lassen und es hat absolut ähnliche Ergebnisse erzielt wie das Medikament, natürlich ohne dessen Nebenwirkungen.

Aber damit nicht genug, dass man damit den Mythos, dass Phytate die Nährstoffaufnahme hemmen sollen, aufgelöst hat, sondern Phytate sind auch in der Darmkrebsprävention von großer Bedeutung. Denn Phytate können das Blut von einer sehr gefährlichen Form von freien Radikalen befreien, den Hydroxyl-Radikalen, die aufgrund einer speziellen Art des Eisens was im Fleisch vorhanden ist, besonders bei einer tierischen Ernährung die Menschen vor massive Probleme stellt. Zum Thema HÄM-Eisen habe ich auch schon mal ein Video auf meinem YouTube-Kanal gemacht. Es würde aber jetzt zu weit vom Thema Phytate wegführen.

Des Weiteren wurde in einer Studie herausgefunden, dass Phytate das Wachsen aller bisher getesteten menschlichen Krebszellen verhindert, ABER - und das ist entscheidend - die normalen Zellen vollkommen in Ruhe lässt. Sie können zwischen Tumorzellen und gesundem Gewebe unterscheiden. Phytate bekämpfen Krebszellen mit einer Kombination aus antioxidativen, entzündungshemmenden und immunstärkenden Aktivitäten. Sie greifen die Krebszellen nicht nur direkt an, sondern fördern auch die Aktivität der körpereigenen natürlichen Killerzellen, die Krebszellen aufspüren und zerstören.

Man hat weiterhin rausgefunden, dass Phytate es schaffen, bereits bestehende Versorgungskanäle von Tumorzellen zu blockieren und sogar als Krebszellen-Rehabilitatoren wirken können. Das bedeutet, Phytate sorgen dafür, dass Krebszellen wieder in ihren Ausgangszustand zurückgesetzt werden und sich nicht mehr wie Krebszellen verhalten.

Neben diesen ganzen positiven Faktoren in Bezug auf Krebs kommt noch dazu, dass eine erhöhte Aufnahme von Phytaten mit weniger Herzerkrankungen, weniger Diabetes und weniger Nierensteinen assoziiert ist. Bei so vielen positiven Effekten ist es sogar mittlerweile so, dass Wissenschaftler nach Aussagen des Buches von Michael Greger „How not to die" bereits fordern, Phytate als essentiellen Nährstoff anerkennen zu lassen! Und was macht die Rohkostszene? Sie weicht die Nüsse ein, damit die Phytate sich lösen. Macht das Sinn für Dich? Aber genau das passiert, wenn man einfach Informationen unreflektiert von einem sozialen Medium zum anderen transportiert und nicht wirklich schaut, worauf diese Informationen basieren. Wo sind die wissenschaftlichen Grundlagen für solche Behauptungen? Versuche an Welpen und Ratten?

Hier sind meine wissenschaftlichen Grundlagen zum Thema Phytate:

https://www.ncbi.nlm.nih.gov/pubmed/2990653
https://www.ncbi.nlm.nih.gov/pubmed/24243555
https://www.ncbi.nlm.nih.gov/pmc/articles/PMC1392604/
https://www.ncbi.nlm.nih.gov/pubmed/7077425
https://www.ncbi.nlm.nih.gov/pubmed/11198165
https://www.ncbi.nlm.nih.gov/pubmed/19053869
https://www.ncbi.nlm.nih.gov/pubmed/22614760
https://www.ncbi.nlm.nih.gov/pubmed/22905230
https://www.ncbi.nlm.nih.gov/pubmed/17663640
https://www.ncbi.nlm.nih.gov/pubmed/9786231

Lagerung von Obst & Gemüse

Wie wir ja alle wissen, sind Obst und Gemüse ein wichtiger Bestandteil der Ernährung. Allerdings können wir dessen Qualität nicht nur beim Kauf, sondern auch bei der Lagerung beeinflussen. Die Lagerungsfähigkeit und -dauer von Obst und Gemüse hängt in erster Linie von der Gemüse- bzw. Obstsorte, vom Erntezeitpunkt und den Lagerbedingungen ab. Bei der Lagerung ist darauf zu achten, dass Obst- und Gemüsesorten, die Ethylen produzieren, die Reife anderer Obst- und Gemüsesorten vorantreibt.

Das kann gewollt, aber auch nicht gewollt sein. Die bekanntesten Ethylen-Freisetzer sind Äpfel, reife Bananen, Avocados und reife Tomaten. Entsprechend würde ausgehend von diesen Obst- und Gemüsesorten die Haltbarkeit anderer Lebensmittel verringert werden, wie vor allem von Blumenkohl, Gurken oder Orangen. Und da diese Lebensmittel nicht nachreifen, ist dies eigentlich nie erwünscht, weil es lediglich die Haltbarkeit reduziert.

Generell hilft es sich daher auch einmal darüber klar zu werden, welches Obst und Gemüse nachreift und welches nicht. Weil nur die Lebensmittel, die nachreifen, von einem Kontakt mit austretendem Ethylen profitieren könnten. Und Lebensmittel, die nicht nachreifen, sollte man eigentlich NIE mit potentiell Ethylen produzierenden Lebensmitteln zusammen lagern.

Nachreifendes Obst und Gemüse wird auch als klimakterisches Obst- und Gemüse bezeichnet. Dazu zählen Äpfel, Bananen, Heidelbeeren, Kiwis, Pfirsiche, Tomaten, Melonen, Mangos, Pflaumen, Feigen und Avocados. Das bedeutet, diese Sorten kann man auch unreif kaufen, da sie ihr Aroma verbessern und in Bezug auf das allgemein anerkannt sensorische Niveau immer besser werden. Nicht klimakterische Obst- und Gemüsesorten sind Ananas, Brombeeren, Erdbeeren, Kirschen, Orangen, Trauben, Zitronen, Paprika, Gurken und Auberginen. Diese Sorten werden, wenn sie beim Kauf nicht reif sind, auch niemals nachreifen. Sie sollten NIEMALS mit Ethylen produzierendem Obst und Gemüse zusammen gelagert werden.

Daher sollte gerade beim Kauf dieser Produkte unbedingt drauf geachtet werden, dass sie verzehrreif sind. Generell sollte man beim Kauf darauf achten, dass Obst und Gemüse frisch erscheint und physikalisch unbeschädigt ist, da Beschädigungen immer Angriffsfläche für Keime und Oxidation bieten. Generell sollte man Obst und Gemüse dunkel und kühl lagern. Also idealerweise im Kühlschrank.

Aber auch da gibt es Ausnahmen, nämlich kälteempfindliche Obst- und Gemüsesorten, die da wären: Aubergine, Gurke, Paprika, Tomaten, Ananas, Bananen, Mango und Melone. Ich bin mir sicher, viele Menschen werden insbesondere Tomaten und Gurken im Kühlschrank aufbewahren. Doch die Haltbarkeit leidet darunter und wenn ihr wie ich gerne kalte Gurke und Tomate im Salat mögt und nicht so eine warme Pampe haben wollt, dann einfach 12 h vor dem Verzehr in den Kühlschrank legen. So mach ich das!

Nun mal einzeln zum Gemüse und Obst. Erst das Gemüse. Blattgemüsearten wie Kopfsalat oder Spinat sind in der Regel immer nur kurz lagerfähig. Diese sollten am besten in ein feuchtes Baumwolltuch eingewickelt in den Kühlschrank gelegt werden. Damit verlängert sich die Haltbarkeit. Aber auch hier gibt es Ausnahmen, nämlich Kohlarten, Kohlrüben und Zwiebeln. Es gibt für jedes Gemüse optimale Lagertemperaturen. Es würde Dir jedoch nichts bringen und praktisch nicht umzusetzen sein, wenn ich Dir jetzt jede einzelne Temperatur für jedes einzelne Gemüse nenne.

Daher eine **Faustregel**: Die optimale Lagertemperatur für Gemüse ist -1 bis 4 Grad. Das heißt, wenn Du Deinen Kühlschrank einstellen kannst und auf Gemüse optimieren willst, oder wie ich die einzelnen Bereiche im Kühlschrank einzeln ansteuern kannst, dann merke Dir diesen Zahlenbereich -1 bis 4 Grad. Auch die relative Luftfeuchtigkeit spielt eine große Rolle. Diese ist allerdings nur sehr schwer einzustellen, zumindest im Kühlschrank, und ob man jetzt die angestrebten 90 % in der Wohnung generieren möchte, nur dass Tomate und Gurke etwas haltbarer werden, wage ich jetzt auch mal zu bezweifeln. Ansonsten kommt es bei der Lagerung natürlich zu Respiration und Transpiration und damit zu Gewichtsverlusten.

Also man könnte auch einfach sagen, dass Gemüse atmet und dabei Kohlenhydrate zu CO_2 und H_20 abgebaut werden. Dadurch reduziert sich das Gewicht um ca. 2-10 %. Eine Möglichkeit diese Stoffwechselvorgänge zu verlangsamen wäre eine Reduzierung oder idealerweise partielle Substitution des Sauerstoffs in der Luft durch CO_2. Eine Möglichkeit dafür wäre, Gemüse in ein luftdichtes Gefäß oder eine luftdichte Tüte zu tun, dann diese Tüte an den Mund zu halten und daraus solange den Sauerstoff zu atmen, bis man kurz vorm Umklappen ist. Dann hat man den Sauerstoff in CO_2 umgewandelt und macht die Tüte schnell zu. Also soll keiner sagen wir würden nicht alles dafür tun, das Maximum aus unserer Nahrung rausholen.

Kommen wir zum Obst. Die Lagertemperatur bei nicht-tropischem Obst liegt im Mittel zwischen -2 und 4 Grad, sodass man dieses Obst zusammen, immer mit dem Blick auf Ethylen, mit dem Gemüse aufbewahren kann. Tropisches Obst sollte zwischen 10 und 15 Grad gelagert werden. Die optimale Luftfeuchtigkeit liegt analog zum Gemüse bei ca. 90 %. Die Lagerdauer schwankt zwischen den einzelnen Obstsorten sehr stark. Das geht bei Kirschen los, die teilweise nur 3-4 Tage gelagert werden können und endet bei Äpfeln, die fast ein ganzes Jahr durchgebracht werden können. Auch der Gewichtsverlust von 2-10 % ist analog zum Gemüse.

Vorsicht Low Carb!

Wie Ihr bei den Rezepten merken werdet, kommt der Hauptteil der Energie immer aus Kohlenhydraten und deckt sich damit mit den Empfehlungen der DGE, der WHO und der aktuellen Forschungslage. Es gibt keine verlässliche Studie dieser Welt, die eine lebenslange protein- oder fettdominierte Ernährung empfiehlt. Aber in erster Instanz, und daher sind diese Low-Carb-Diäten auch so beliebt, haben sie beeindruckende Kurzzeiteffekte. Ich habe ja selber auch schon eine lange Zeit eine sehr proteinreiche Ernährung ausprobiert und kann diese ersten erstaunlichen Effekte und damit die Begeisterung der Menschen für diese Form der Ernährung komplett nachvollziehen.

Denn es kommt in der ersten Woche dank einer starken Entwässerung zu einer sehr raschen Gewichtsabnahme. Das liegt daran, dass die Glykogenspeicher entleert werden. Und Glykogen bindet seinerseits sehr viel Wasser. Aber machen wir uns nichts vor, die Menschen wollen einfach nur schnell und einfach abnehmen. Und ich kann das als Betroffener, der selber 165 kg gewogen und unter seinem Gewicht gelitten hat, sehr gut nachvollziehen. Aber diese kurzfristige Gewichtsabnahme, die dann nach 5-6 Wochen ins Stocken gerät bezahlt man mit einem hohen Preis. Denn bei einer proteinreichen Ernährung kommt es zu einer massiven Störung des Energie- und auch des Säure-Basen-Haushalts, einer Nieren- und Leberbelastung, Nierensteine werden gefördert, Gelenkbeschwerden, es entsteht eine proentzündliche

Stoffwechsellage und auch psychisch entsteht mit fortschreitendem Festhalten an dieser Ernährungsform eine Unausgeglichenheit und chronische Unzufriedenheit.

Was bei der massiven Überflutung durch die großen Aminosäuren auch völlig normal ist, da zum Beispiel Tryptophan, der Vorläufer des Serotonins, gar keine Chance mehr hat durch die Blut-Hirn-Schranke zu gelangen. Der Grund dafür liegt darin, dass der Körper das Tryptophan nachrangig betrachtet, weil es nicht so essentiell für die Lebenserhaltung ist wie andere große Aminosäuren. Aber die Blut-Hirn-Schranke wirkt wie ein Flaschenhals, durch den gar nicht so viel durch passt. Glücklich sein ist für den Körper offensichtlich nicht so wichtig wie zu überleben!!!

Des Weiteren steigt das Risiko für die beiden Haupttodesarten in Deutschland, Herz-Kreislauf- und Krebserkrankungen, bei einer proteinreichen Ernährung. Auch wird als alternativer Grund für die proteinreichen Diäten immer der niedrige glykämische Index aufgeführt. Doch Studien zum Insulinindex von Nahrungsmitteln kommen zu einem sehr wichtigen und in der Argumentation immer vernachlässigtem Ergebnis: Während für proteinarme und kohlenhydratreiche Lebensmittel eine enge Korrelation zwischen dem Gehalt an einfachen Kohlenhydraten und dem glykämischen Index besteht, rufen proteinreiche Lebensmittel, Milchprodukte und fettreiche Bäckereiprodukte im Vergleich zum primär beobachteten Blutzuckeranstieg eine unproportional hohe Insulinreaktion hervor. Und für die Entstehung von vielen Krankheiten ist eben nicht primär der Blutzucker, sondern die damit zusammenhängende Insulinantwort ausschlaggebend!!!

Fisch und Rind rufen eine höhere Insulinausschüttung bei niedrigerem glykämischen Index hervor als Pasta oder Haferbrei. Und gerade bei Milch und Milchprodukten ist der Insulinanstieg so massiv, dass die immer mehr verbreitete Krankheit Diabetes zum großen Teil auf den Konsum von Milchprodukten zurückgeführt werden kann.

EINFACHE Kohlenhydrate gelten zu Recht als ungesund, weil sie eben auch zu einem schnellen Blutzuckeranstieg führen Aber bei Proteinen verhält es sich, wie kaum einer weiß, exakt ähnlich. Hohe, schnell im Blut, anflutende Aminosäuren-Konzentrationen belasten den Stoffwechsel genauso massiv, wenn nicht sogar noch mehr. Denn nur ein kleiner Anteil wird zum Muskelaufbau benutzt. Der Rest muss zu Glukose, Ammoniak und Harnstoff abgebaut werden. Daher auch das Statement der American Heart Association, also der Gesellschaft, die sich den Kampf gegen die Todesursache Nr. 1 Herz- Kreislauf-Erkrankungen gestellt hat:

„Personen, die einer proteinreichen Ernährung folgen, riskieren, einen Vitamin- und Mineralstoffmangel sowie Herz-, Nieren-, Knochen und Leberleiden.“

Die Grundproblematik, warum Low-Carb-Diäten, oder generell Diäten so populär sind - und ich rede hier wirklich von Diäten im Sinne einer schnellen Gewichtsreduktion und nicht vom englischen

Ursprungswort „Diet", was einfach nur Ernährungsweise bedeutet - ist die Maßlosigkeit in der wir aufwachsen. Wir finden überhaupt keine gesunde Mitte mehr. Wir schaufeln in uns rein was geht: „All you can eat" und Brunchen bis der Bauch platzt!
„Weniger ist mehr!" ist die absolute Ausnahme in unserer Kultur. Und dann will man eben auch einfach nur schnell mit Wunderpillen und Diät-Shakes abnehmen. Aber das funktioniert nicht, wenn der Geist krank ist und das ist er bei der Mehrzahl der Deutschen. Dann helfen auch keine Diät-Produkte mehr, die den Stoffwechsel meist sogar noch mehr aus der Balance bringen.

Zum Beispiel sind diese ganzen Diät-Pulver meist komplett ballaststofffrei. Da nimmt man am Anfang natürlich rasend schnell ab, weil der Darm entleert wird und man auch viel Körperwasser ausscheidet, aber das ist natürlich keine nachhaltige Gewichtsabnahme, sondern nur ein kurzfristiger Erfolg, der die Leute blendet und die Taschen der Unternehmen randvoll macht.

Sinnvoll für eine dauerhafte und vor allem gesunde Gewichtsabnahme ist eine pflanzliche Ernährung mit einer hohen Vital- und Nährstoffdichte bei einer gleichzeitig geringen Energiedichte. Und dabei darauf zu achten, wirklich keine tierischen Produkte mehr zu sich zu nehmen, da sie evolutionsgenetisch und ernährungswissenschaftlich suboptimal sind und den Körper einfach nur massiv belasten.

In einer Studie der Harvard Universität von 2010 wurden über 85000 Frauen und 40.000 Männer über 26 Jahre hinweg beobachtet, mit dem Ergebnis, dass die Personen die einer Low-Carb-Ernährung gefolgt sind eine um 23 % höhere Gesamtsterblichkeitsrate hatten als Menschen, die sonst unter gleichen Bedingungen gelebt haben, aber keine Low-Carb-Ernährung durchgeführt haben. Die Sterblichkeit erhöhte sich dann noch einmal, wenn man die Menschen herausgefiltert hat die auch noch einen hohen Anteil tierischer Produkte verzehrt haben.

So kann man zusammenfassend sagen, dass Menschen, die sich sowohl fett und proteinreich ernähren und dabei auch noch auf tierische Produkte zurückgreifen eine wesentlich höhere Sterblichkeit haben, als Menschen, die sich pflanzenbasiert und high carb ernähren.
Innerhalb der Mortalität wirkte sich eine protein- und fettreiche Ernährung sogar stärker auf die Krebsmortalität als auf die kardiovaskuläre Mortalität aus, die den meisten sofort aufgrund von Arteriosklerose in den Sinn kommt.

Also meine Empfehlung ausgehend meiner persönlichen Erfahrungen als auch bezugnehmend auf die aktuellen Forschungen ist folgende: Meidet diese ganze Low-Carb-Industrie, denn natürliche Lebensmittel wie Obst und Gemüse haben immer einen massiven Kohlenhydratanteil. Und dass Obst und Gemüse das Gesündeste für unseren Körper ist, darüber gibt es keine zwei Meinungen. Und daher ist es auch für den Nicht-Wissenschaftler naheliegend, dass diese Makronährstoffverteilung wohl für unseren Körper das Beste ist.

„Alles, was der Mensch den Tieren antut, kommt auf den Menschen wieder zurück."

Pythagoras

Rezepte

Die Rezepte sind alle für eine Person gedacht. Ich bekomme jedes Mal ein negatives Gefühl, wenn ich in den Rezeptbüchern von Anderen immer Rezepte für zwei oder gar vier Personen finde. Es ist doch einfacher ausgehend einer Portion hoch zu skalieren, als andersherum oder nicht? Allerdings muss dazu gesagt werden, dass die meisten Rezepte so bei 1000-1400 kcal liegen, da ich aus eigener Erfahrung und dem aktuellen wissenschaftlichen Stand der Ernährungsforschung nur empfehlen kann ein bis zwei Mahlzeiten am Tag zu essen, anstatt ständig am Essen zu sein. Man kann natürlich auch diese eine Portion noch einmal teilen, weil man einfach nicht so viel essen kann oder will. Dann wird es natürlich noch billiger!!!

Zu jedem Rezept gibt es Hinweise, wo man es kaufen kann und wie sich die Nährwerte genau verteilen. Praktisch und einfach soll es sein. Dazu liebe ich es, meinen Kreationen Namen zu geben, um mich beim Zubereiten und Verzehr der Mahlzeit bewusst an grundlegende Dinge dieser Mahlzeit zu erinnern. Auch sind diese Rezepte nicht als reine Genussrezepte zu sehen, sondern sollen in erster Linie einen preiswerten Beitrag zu einer gesunden Ernährung liefern. Daher sind sie oft salzfrei, glutenfrei, zuckerfrei und natürlich roh-vegan. So aber nun los!

Die simple Demut

200 g goMi (100 g Hafer, 40 g Dinkel, 60 g Roggen) 35 Cent
20 g Leinsamen 5 Cent
30 g Sultaninen 9,5 Cent
1 Apfel 13,2 Cent
3 Bananen 35,1 Cent

Gesamt: 97,8 Cent

Das Getreide kaufe ich in großen Mengen bei Amazon in Bio-Qualität. Leinsamen und Sultaninen meist im Discounter oder online bei Angeboten. Das Obst ist von ALDI oder Futterobst aus dem Internet. Die goMi von Hand flocken oder als Frischkornmüsli zubereiten. Also einfach über Nacht einweichen. Aus den Leinsamen mit Wasser eine Milch mixen. Den geschnittenen Apfel, die geschnittenen Bananen, die Sultaninen und die goMi zusammen mit der Leinsamenmilch vermischen.

Nährwerte: Kalorien: 1201,7

Aminosäuren(%)		Vitamine(%)		Mineralien(%)	
Arginin	70	Vitamin B1	107	Calcium	17
Cystin	156	Vitamin B2	55	Kupfer	163
Histidin	110	Vitamin B3	61	Eisen	130
Isoleucin	101	Vitamin B5	78	Magnesium	107
Leucin	90	Vitamin B6	144	Mangan	346
Lysin	60	Folsäure	42	Phosphor	146
Methionin	90	Vitamin A	10	Kalium	56
Phenylalanin	163	Vitamin C	42	Selen	92
Prolin	96	Vitamin E	14	Zink	73
Threonin	85	Vitamin K	62		
Tryptophan	136			Fettsäuren	
Tyrosin	81			Omega 3:	304
Valin	109			O3/O6	1:1

Anmerkungen: Wie Du siehst, hast Du für 88 Cent bereits eine rohköstliche und sehr vollwertige Mahlzeit, bei der man nur noch Vitamin C, A, E und Calcium und Kalium für den Tag braucht. Dafür einfach 1 Orange (15 Cent) essen und für 4 Möhren (16 Cent) aus 30 g Sonnenblumenkernen (4 Cent), 100 g Sesam (45 Cent) und Salz einen Dipp pürieren und dann ist man für weitere 80 Cent bereits komplett mit allen Nährstoffen versorgt. Und das für insgesamt 1,78 €! Rohköstlich, vollwertig und lecker! Natürlich verschiebt sich durch den Dipp das O3/O6-Verhältnis wieder stark zu O6 aber man kann auch Chiasamen als Dipgrundlage nehmen. Dann wird es aber wieder etwas teurer usw. Hier geht es aber auch nicht darum, dass man alles für nichts bekommt, sondern einfach nur ein Gefühl dafür zu entwickeln, welche Möglichkeiten man hat.

Die simple (glutenfreie) Demut

200 g Buchweizen 49,8 Cent

20 g Leinsamen 5 Cent

15 g Sultaninen 4,7 Cent

1 Apfel 13,2 Cent

1 Banane 11,7 Cent

Gesamt: 84,4 Cent

Buchweizen ist eine prima glutenfreie Alternative zur goldenen Mischung. Die Nährwerte sind in etwa gleich und der Preis etwas höher. Dafür lassen wir einfach 15 g Sultaninen und 2 Bananen weg und schon bleiben wir unter dem Preis des Originalrezeptes. Den Buchweizen von Hand flocken oder 4 Stunden in Wasser einweichen und das Wasser wegkippen. Aus den Leinsamen mit Wasser eine Milch mixen. Den geschnittenen Apfel, die geschnittene Banane, die Sultaninen und den Buchweizen zusammen mit der Leinsamenmilch vermischen.

Nährwerte: Kalorien: 1013,7

Aminosäuren(%)		Vitamine(%)		Mineralien(%)	
Arginin	75	Vitamin B1	71	Calcium	11
Cystin	85	Vitamin B2	55	Kupfer	185
Histidin	89	Vitamin B3	74	Eisen	85
Isoleucin	97	Vitamin B5	63	Magnesium	134
Leucin	73	Vitamin B6	101	Mangan	180
Lysin	64	Folsäure	32	Phosphor	117
Methionin	69	Vitamin A	5	Kalium	31
Phenylalanin	120	Vitamin C	18	Selen	42
Prolin	57	Vitamin E	14	Zink	54
Threonin	92	Vitamin K	16		
Tryptophan	140			Fettsäuren	
Tyrosin	54			Omega 3:	296
Valin	104			O3/O6	2:1

Anmerkungen: Ich habe den Buchweizen im Vitamin-E-Gehalt angepasst, da Cronometer mit 320 Mikrogramm pro 100 Gramm berechnet wird, aber andere Quellen die Menge mit 840 Mikrogramm angeben. Besonders erfreulich ist, dass das Omega-3-zu-Omega-6-Verhältnis gegenüber der glutenhaltigen Variante von 1:1 auf 2:1 gesteigert wurde. Das liegt daran, dass Haferflocken einen relativ hohen Fettgehalt haben und diese fast ausschließlich Omega-6-Fettsäuren beinhaltet. Ansonsten gelten die ähnlichen Ergänzungen wie bei der glutenreichen Variante, um den Tag zu komplettieren.

Sprießende Morgensonne

400 g Linsensprossen   44 Cent
300 g Möhren   12 Cent
100 g Spinat   16,9 Cent
20 g Sonnenblumenkerne   2,2 Cent
40 g Sesam   18 Cent
20 g Leinsamen   5 Cent

Gesamt: 98,1 Cent

Die Linsensprossen zusammen mit geschnittenen Möhren und Salat in eine Schüssel geben. Sonnenblumenkerne, Sesam und Leinsamen mit etwas Wasser pürieren (bei Bedarf etwas Salz dazugeben) und als Dressing darüber kippen.

Nährwerte: Kalorien: 1022,8

Aminosäuren(%)		Vitamine(%)		Mineralien(%)	
Arginin	160	Vitamin B1	177	Calcium	75
Cystin	337	Vitamin B2	83	Kupfer	434
Histidin	195	Vitamin B3	77	Eisen	306
Isoleucin	210	Vitamin B5	73	Magnesium	130
Leucin	165	Vitamin B6	101	Mangan	227
Lysin	172	Folsäure	158	Phosphor	194
Methionin	165	Vitamin A	1990	Kalium	70
Phenylalanin	291	Vitamin C	125	Selen	60
Prolin	121	Vitamin E	81	Zink	111
Threonin	220	Vitamin K	534		
Tryptophan	120			Fettsäuren	
Tyrosin	179			Omega 3:	314
Valin	197			O3/O6	1:3

Anmerkungen: Wohoo! Siehst Du was ich sehe? Dieser Salat versorgt Dich für 98 Cent rohköstlich mit allen Nährstoffen die Du brauchst. Ist das nicht unglaublich? Rohkost kann so preiswert und vollwertig sein wie KEINE andere Ernährungsform. Was ja auch Sinn macht. Rohkost ist die am wenigsten verarbeitete Ernährungsform, also MUSS sie die Billigste sein. Aber wenn man tropische Früchte einschiffen lassen muss, um mit der Rohkost zufrieden zu sein, dann kann es natürlich eng werden.

Geballte Power

300 g Süßlupinensprossen 68 Cent
20 ml glutenfreie Sojasoße 14 Cent
1 große Paranuss (8 g) 14 Cent
10 g Leinsamen 2,5 Cent

Gesamt: 98,5 Cent

Ein einfacher, gesunder und rohköstlicher Snack. Super geeignet um im Kino oder bei Freunden sich einfach was in die Dose zu packen und während andere Chips essen, einfach selber gesund snacken zu können. Einfach die Paranuss und Leinsamen mörsern (oder wenn Du einen kleinen Mixer hast, dann kannst Du das zusammen mit der Sojasoße mixen) und in die Sojasoße verrühren. Das dann zusammen mit den Süßlupinensprossen in eine verschließbare Schüssel geben und die Schüssel heftig hin und her schütteln. Als besondere Ergänzung kannst Du auch noch einen Esslöffel einer beliebigen Gewürzmischung beifügen. Ich nehme da gerne so eine Asia-Mischung, aber auch einzelne Gewürze sind super geeignet, wie zum Beispiel Schabziger Klee.

Nährwerte: Kalorien: 1231,8

Aminosäuren(%)		Vitamine(%)		Mineralien(%)	
Arginin	403	Vitamin B1	179	Calcium	57
Cystin	249	Vitamin B2	55	Kupfer	371
Histidin	382	Vitamin B3	46	Eisen	177
Isoleucin	442	Vitamin B5	48	Magnesium	162
Leucin	340	Vitamin B6	89	Mangan	335
Lysin	263	Folsäure	270	Phosphor	211
Methionin	160	Vitamin A	0	Kalium	69
Phenylalanin	457	Vitamin C	16	Selen	339
Prolin	233	Vitamin E	3	Zink	138
Threonin	346	Vitamin K	1		
Tryptophan	309			Fettsäuren	
Tyrosin	426			Omega 3:	227
Valin	331			O3/O6	1:2

Anmerkungen: SO muss ein gesunder salziger Snack aussehen. Selbst das Omega-3-zu-Omega-6-Verhältnis ist mit 1:2 sehr gut. Dazu sind bis auf die Vitamine A, C, E und K alle Nährstoffe mit dem Tagesbedarf so gut wie abgedeckt! Und das mit einer Mahlzeit! Aber glaubt mir, das kannst Du nicht jeden Tag essen. Ich habe zwei Monate jeden 2. Tag diese geballte Power gegessen und brauchte dann viele Wochen Pause von den Süßlupinen. Ein Zeichen des Körpers, dass er da erst einmal genug von hat. Aber dieses Rezept ist ein MUST HAVE für die preiswerte Rohkostküche, gerade weil es so ungemein transportabel und praktisch daherkommt. Dieses Rezept ist die gesunde Revolution des Snack-Gedanken.

Goldene Erweckung

200 g Buchweizen 49,8 Cent
1 getrocknete Kurkumawurzel 14 Cent
150 g Dattelmus 37,2 Cent
20 g Leinsamen 5 Cent

Gesamt: 97 Cent

Bevor die Erweckung golden wird, muss sie erst einmal selber erweckt werden. Den Buchweizen am Tag vorher 4 Stunden einweichen und dann abgießen. Den angefeuchteten Buchweizen über Nacht stehen lassen. Die Kurkumaknolle zu dem Zeitpunkt, an dem Du den Buchweizen einweichst, auch einfach in ein Glas Wasser schmeißen. Am nächsten Tag sowohl die eingeweichte Kurkumaknolle, als auch den aktivierten/angekeimten Buchweizen in den Mixer hineinschmeißen. Dazu das Dattelmus und die Leinsamen rein und zusammen mit so viel Wasser mixen, wie die Konsistenz sich für Dich gut anfühlt. Ich wähle meist so 300 ml. Aber taste Dich vorsichtig heran. Manche mögen es richtig breiig.

Nährwerte: Kalorien: 1231,6

Aminosäuren(%)		Vitamine(%)		Mineralien(%)	
Arginin	78	Vitamin B1	71	Calcium	15
Cystin	101	Vitamin B2	52	Kupfer	205
Histidin	83	Vitamin B3	80	Eisen	117
Isoleucin	101	Vitamin B5	71	Magnesium	141
Leucin	74	Vitamin B6	81	Mangan	206
Lysin	65	Folsäure	33	Phosphor	124
Methionin	73	Vitamin A	1	Kalium	39
Phenylalanin	122	Vitamin C	1	Selen	48
Prolin	63	Vitamin E	13	Zink	57
Threonin	94	Vitamin K	16		
Tryptophan	141			Fettsäuren	
Tyrosin	56			Omega 3:	293
Valin	107			O3/O6	2:1

Anmerkungen: Das hier ist eine Süßspeise! Was kennen wir sonst von Süßspeisen? Lecker aber ungesund! Diese goldene Erweckung ist wie eine Art Grießbrei und versorgt Dich für 97 Cent mit fast allem, was Du brauchst. Wir reden hier immer von einer Mahlzeit. Die Meisten werden mindestens noch eine weitere pro Tag essen und dann ist es so einfach die restlichen Nährstoffe zu bekommen. Bei der goldenen Erweckung kann man natürlich, wenn man sich noch Zimt leisten kann, auch noch Zimt reinmachen. Oder Lebkuchengewürze oder Kardamon oder oder oder… Hier hat man eine gesunde süße Basis die man nach Herzenslust facettenreicher gestalten kann.

Rinderbraten, Rotkohl & Klöße

200 g Buchweizen 49,8 Cent
50 g Rote-Beete-Pulver 22 Cent
100 g Möhren 4 Cent
50 g Zwiebel 2,2 Cent
20 g Leinsamen 5 Cent
30 g Sesam 13,5 Cent
30 g Sonnenblumenkerne 3,3 Cent

Gesamt: 99,8 Cent

Ein richtig herzhaftes Mahl, was für roh-vegane Verhältnisse ganz stark an ein deftiges Fleischgericht erinnert. Zumindest dann, wenn es in unserem Mund zu einer Menge zerkaut ist. Dieses Rezept ist, seit ich in Massen Rote Beete als Tierfutter kaufe, zu einem meiner absoluten Lieblingsgerichte geworden und unter uns, wenn man da noch 2-3 EL Sojasoße drüber schüttet, dann wird's auch für den Nicht-100%-Rohkost-Gaumen ein absolut lukullischer Hochgenuss! Wie kam es überhaupt zu diesem genialen Rezept? Ich hatte 20 kg Rote Beete und musste sie verwerten. Also in Scheiben geschnitten und gedörrt. Und Rote Beete gedörrt (mit Schale) kann man durchaus essen. Aber ich war schon etwas deprimiert vom Geschmack und war schon fast dabei zu hadern so viel gekauft zu haben. Aber dann dachte ich einfach an die ganzen Gemüsebrühen, die ja auch zu großen Teilen einfach aus getrocknetem Gemüse besteht. Also warf ich einfach mal ein paar getrocknete Rote-Beete-

Chips in den Mixer und raus kam ein herrlich aromatisches Pulver, was jedem Gericht eine wunderbare süßlich rauchige Note gibt. War ich glücklich, aus dieser Notlage mein derzeit bestes Würzmittel in der Rohkost-Küche zu machen. Bitte mach das unbedingt nach und denke daran, nicht über 40 Grad erhitzen. Im Sommer kannst Du die Beete in der Sonne trocknen lassen, im Winter entweder auf der Heizung (passe aber auf dass du was drunter legst wegen der Farbe) oder ganz dekadent im Dörrapparat! Dieses Pulver dann mit idealerweise angekeimten Buchweizen und den anderen Zutaten in eine Schüssel geben. Die Möhre und Zwiebel in crunchy Stücke schneiden, da der Buchweizen sehr breiig ist und das fürs Mundgefühl einfach geiler ist.

Nährwerte: Kalorien: 1421,9

Aminosäuren(%)		Vitamine(%)		Mineralien(%)	
Arginin	133	Vitamin B1	142	Calcium	53
Cystin	157	Vitamin B2	79	Kupfer	411
Histidin	136	Vitamin B3	109	Eisen	205
Isoleucin	172	Vitamin B5	83	Magnesium	204
Leucin	122	Vitamin B6	152	Mangan	300
Lysin	98	Folsäure	193	Phosphor	200
Methionin	143	Vitamin A	563	Kalium	67
Phenylalanin	207	Vitamin C	38	Selen	94
Prolin	96	Vitamin E	90	Zink	106
Threonin	165	Vitamin K	20		
Tryptophan	245			Fettsäuren	
Tyrosin	120			Omega 3:	303
Valin	171			O3/O6	1:3

Anmerkungen: WOW! Eine heftig herzhafte Pfanne mit frischem knackigem Gemüse. Ein absoluter Traum! Und dazu noch unglaublich vollwertig. Bis auf Vitamin C und Vitamin K beides kein großes Problem. In der roh-veganen Küche ist alles ausreichend vorhanden. Ist das nicht unglaublich für wie viel oder wie WENIG Geld man auch aufwendige und schmackhafte Rohkost zubereiten kann? Aber das ist nicht das letzte Rezept!

Kornbälle

100 g Buchweizen 24,9 Cent
50 g Mohn 18 Cent
100 g Dattelmus 25 Cent
20 g Leinsamen 5 Cent
1 Möhre 2,4 Cent
1 Banane 11,7 Cent
20 g Sonnenblumenkerne 2,2 Cent

Gesamt: 89,2 Cent

Eine mehrere Monate haltbare Süßigkeit, die man immer zum Anbieten dahaben kann, sich perfekt als preiswertes roh-veganes Mitbringsel eignet oder man sich einfach für sich selber zum Essen macht. Als erstes weicht man den Buchweizen für 4 Stunden ein, dann schüttet man das Wasser ab und spült 1-2mal am Tag den Buchweizen mit kalten klarem Wasser ab und lässt ihn so 2-3 Tage keimen. Den gekeimten Buchweizen schüttet man dann mit allen Zutaten zusammen. Die Banane muss komplett reif, das bedeutet außen voller schwarzer Punkte, sein. Die Möhre wird geraspelt in die Schüssel gegeben. Dann vermengt man alles und formt kleine Bällchen, die man im Dörrgerät für 24-48 h bei 40 Grad trocknen lässt. Alternativ kann man auch einen niedrig regulierbaren Backofen auf 40 Grad einstellen und dabei die Tür offen lassen, so dass die Feuchtigkeit entweichen kann.

Nährwerte: Kalorien: 1244,1

Aminosäuren(%)		Vitamine(%)		Mineralien(%)	
Arginin	99	Vitamin B1	117	Calcium	87
Cystin	112	Vitamin B2	47	Kupfer	263
Histidin	83	Vitamin B3	66	Eisen	138
Isoleucin	104	Vitamin B5	59	Magnesium	148
Leucin	122	Vitamin B6	117	Mangan	284
Lysin	71	Folsäure	50	Phosphor	161
Methionin	109	Vitamin A	343	Kalium	48
Phenylalanin	122	Vitamin C	17	Selen	64
Prolin	142	Vitamin E	64	Zink	80
Threonin	121	Vitamin K	14		
Tryptophan	140			Fettsäuren	
Tyrosin	87			Omega 3:	301
Valin	125			O3/O6	1:4

Anmerkungen: Das ist das Tolle bei der Rohkost. Man kann einfach alles irgendwie zusammenschmeißen und es kommt immer etwas Vollwertiges und Schmackhaftes heraus. Wir haben hier keine Gewürze oder Geschmacksverstärker genutzt, sondern einfach natürliches Obst und Gemüse mit Samen und einem Knöterichgewächs (Buchweizen) in eine Schüssel geschmissen. Klar Vitamin C und K, davon kann im Laufe des Tages noch etwas mehr zu sich genommen werden. Aber Hey, das hier ist einfach nur ein kleiner Snack. Omega-3-Verhältnis ist trotz der fettig-süßen Note dieser Süßspeise im tolerierbaren Rahmen.

Herzhafte Rote Grütze

200 g goMi (100 g Hafer, 40 g Dinkel, 60 g Roggen)   35 Cent
20 g Leinsamen   5 Cent
500 g Rote Beete   22 Cent
300 g Möhren   12 Cent
1 Orange   15 Cent
20 g Sonnenblumenkerne   2,2 Cent
20 g Mohn   7,2 Cent

Gesamt: 98,4 Cent

Die goMi durch den Flocker drehen oder als Frischkornmüsli zubereiten (also einen Tag vorher in Wasser einweichen). Dazu Rote Beete und Möhren entweder klein raspeln oder durch eine grobe Käsereibe jagen. Die Orange und die Leinsamen zusammen mit ausreichend Wasser (so wie Du es magst) mixen und zusammen mit den Sonnenblumenkernen und dem Mohn zur goMi tun.

Nährwerte: Kalorien: 1402,2

Aminosäuren(%)		Vitamine(%)		Mineralien(%)	
Arginin	84	Vitamin B1	169	Calcium	65
Cystin	106	Vitamin B2	66	Kupfer	249
Histidin	235	Vitamin B3	85	Eisen	138
Isoleucin	128	Vitamin B5	94	Magnesium	200
Leucin	127	Vitamin B6	119	Mangan	146
Lysin	93	Folsäure	171	Phosphor	212
Methionin	146	Vitamin A	1686	Kalium	80
Phenylalanin	223	Vitamin C	120	Selen	116
Prolin	146	Vitamin E	78	Zink	111
Threonin	166	Vitamin K	79		
Tryptophan	196			Fettsäuren	
Tyrosin	136			Omega 3:	304
Valin	162			O3/O6	1:3

Anmerkungen: Was für ein ausgewogenes Nährstoffprofil! Bei dieser Mahlzeit würde ich aus meiner Sicht von einer absolut vollwertigen und auch sogar energetisch völlig ausreichenden Mahlzeit für die meisten Menschen für einen kompletten Tag sprechen. Neue Forschungen gehen dahin, dass eine bewusst initiierte kalorische „Unterversorgung" lebensverlängernd wirkt - und zwar bei allen Tierarten und auch für den Menschen. Videos zu diesem Thema findest Du bei mir auf dem YouTube-Kanal „Raw Spirit". Aber wenn Du der Meinung bist, Du brauchst 2000 kcal und mehr, dann verdopple einfach die Portion und Du hast für unter 2 € am Tag fast doppelt so viele Nährstoffe wie die DGE fordert.

Solide Grundlage

200 g gefrorener Grünkohl 26 Cent
400 g Möhren 16Cent
2 Bananen 23,4 Cent
1 Apfel 13,2 Cent
1 Orange 15 Cent
20 g Leinsamen 5 Cent

Gesamt: 98,6 Cent

Alle Zutaten in einen Mixer schmeißen, einen halben Liter Wasser drauf und anstellen. Dieser Smoothie deckt nach Ansicht von einigen Alternativmedizinern bereits den kompletten Tagesbedarf an allem, was notwendig ist.

Nährwerte: Kalorien: 663,4

Aminosäuren(%)		Vitamine(%)		Mineralien(%)	
Arginin	42	Vitamin B1	76	Calcium	57
Cystin	89	Vitamin B2	57	Kupfer	88
Histidin	69	Vitamin B3	50	Eisen	64
Isoleucin	80	Vitamin B5	52	Magnesium	58
Leucin	49	Vitamin B6	140	Mangan	116
Lysin	48	Folsäure	54	Phosphor	59
Methionin	44	Vitamin A	2661	Kalium	71
Phenylalanin	88	Vitamin C	220	Selen	19
Prolin	41	Vitamin E	29	Zink	24
Threonin	104	Vitamin K	32		
Tryptophan	69			Fettsäuren	
Tyrosin	51			Omega 3:	306
Valin	67			O3/O6	3:1

Anmerkungen: Ob es nun tatsächlich ausreicht, mit knapp 700 kcal durch die Gegend zu wackeln, sei mal dahingestellt - gerade für Menschen, die noch sehr viel reflektieren und viel im Verstand sind, welcher eine Menge Energie schluckt ☺. Auch sehe ich Vitamin E mit 29 % ausgehend der Rolle als Antioxidans als durchaus steigerungswürdig. Aber der Smoothie ist echt eine absolut solide Grundlage für die Ernährung. Denn egal wie man die restlichen 800-1600 kcal zu sich nimmt, viel falsch kann man, wenn man roh isst, da nicht machen. Dieser Smoothie sollte auf jeden Fall ins Repertoire eines jeden Rohköstlers gehören.

Auch wenn dieser Mix von Obst und Gemüse eine gewisse Eingewöhnungszeit braucht und Monomahlzeiten idealer wären, so stellt der Smoothie doch eine praktische und lustvolle Alternative im Ernährungsalltag dar. Man kann zum Beispiel diesen Smoothie einfach in Flaschen umfüllen und auf Arbeit oder wenn man zu Freunden geht mitnehmen.

Grazile Vielfalt

200 g Linsensprossen   22 Cent
2 Orangen   30 Cent
400 g Möhren   16 Cent
20 g Leinsamen   5 Cent
50 g Sonnenblumenkerne   5,5 Cent
100 g Erdnüsse   18 Cent
7 g Sesam   3,1 Cent

Gesamt: 99,6 Cent

Leinsamen, Sesam und Orangen mit so viel Wasser mixen bis ein für Dich schönes Dressing entsteht. Möhren raspeln und zusammen mit den Linsensprossen und den Sonnenblumenkernen und den Erdnüssen in die Schüssel geben.

Nährwerte: Kalorien: 1510,8

Aminosäuren(%)		Vitamine(%)		Mineralien(%)	
Arginin	221	Vitamin B1	227	Calcium	55
Cystin	295	Vitamin B2	74	Kupfer	402
Histidin	217	Vitamin B3	151	Eisen	217
Isoleucin	241	Vitamin B5	109	Magnesium	139
Leucin	182	Vitamin B6	174	Mangan	228
Lysin	156	Folsäure	183	Phosphor	201
Methionin	180	Vitamin A	2251	Kalium	77
Phenylalanin	347	Vitamin C	219	Selen	81
Prolin	150	Vitamin E	202	Zink	104
Threonin	252	Vitamin K	83		
Tryptophan	195			Fettsäuren	
Tyrosin	228			Omega 3:	296
Valin	223			O3/O6	1:6

Anmerkungen: Wieder mal eine vollwertige Mahlzeit für einen Euro. Eine Mahlzeit die sogar von den Kalorien den realen Tagesbedarf der meisten Menschen deckt. Dieser fruchtig-knackige Salat ist derzeit mein Lieblingssalat. Wenn man mehr als einen Euro pro Tag ausgeben kann, dann einfach noch 20 g Sesam für 18 Cent dazu und dann ist man beim einzigen kleinen Schwachpunkt Calcium auch auf der sicheren Seite.

Ein Wort mal zu Natrium. Natrium ist auch ein essentieller Mineralstoff, den ich allerdings nicht mit aufführe, weil mit einer rohköstlichen Ernährung genug Natrium im Gemüse enthalten ist.

Salz oder Sojasoße verstärkt natürlich noch mal den Geschmack und kann bei Salaten immer noch nach Geschmack beigemischt werden und ist auch eine Natriumquelle. Generell wird Natrium eher zu viel als zu wenig konsumiert.

Ein Zug

50 ml Sojasoße 36 Cent
400 g Möhren 16 Cent
400 g Zwiebeln 18 Cent
300 g Blumenkohl 27 Cent

Gesamt: 97 Cent

Ein extrem einfaches „Rezept“, das alle Nährstoffe in sich trägt. Einfach Möhren in Scheiben, Zwiebeln in Streifen und Blumenkohl in Stücke schneiden und in eine Dose mit Deckel füllen. Dann 50 ml Sojasoße einfüllen, Deckel schließen und schütteln. Dann über Nacht in den Kühlschrank. Die Zwiebeln werden leicht süßlich und Möhren und Blumenkohl werden stark aromatisiert.

Nährwerte: Kalorien: 425,5

Aminosäuren(%)		Vitamine(%)		Mineralien(%)	
Arginin	42	Vitamin B1	51	Calcium	31
Cystin	82	Vitamin B2	48	Kupfer	53
Histidin	56	Vitamin B3	44	Eisen	50
Isoleucin	65	Vitamin B5	75	Magnesium	40
Leucin	43	Vitamin B6	128	Mangan	90
Lysin	61	Folsäure	83	Phosphor	67
Methionin	34	Vitamin A	2228	Kalium	63
Phenylalanin	72	Vitamin C	220	Selen	8
Prolin	36	Vitamin E	25	Zink	26
Threonin	101	Vitamin K	68		
Tryptophan	71			Fettsäuren	
Tyrosin	51			Omega 3:	5
Valin	63			O3/O6	1:5

Anmerkungen: Drei preiswerte deutsche Gemüsesorten geschnitten und mit Sojasoße mariniert. Und trotzdem liest sich das Nährstoffprofil wieder sehr ausgeglichen und vollwertig. Es scheint fast so, als dass man mit der Rohkost gar nichts falsch machen kann. Und warum ist das so? Weil es unsere ureigenste und natürliche Ernährungsform ist und Gemüse und Obst, selbst alleine Wildgrün für sich, schon absolut vollwertig sind. Ganz im Gegensatz zu tierischen Produkten oder industriell hergestellten „Lebensmitteln“.

Bunte Gefühlswelt

500 g Rote Beete 22 Cent
100 g Möhren 4 Cent
20 g Leinsamen 5 Cent
3 Bananen 35,1 Cent
1 Orange 15 Cent
1 Apfel 13,2 Cent
50 g Sonnenblumenkerne 5,5 Cent

Gesamt: 99,8 Cent

Einfach einen frischen Smoothie mal ohne Greens. So toll die grünen Gemüsesorten sind, aber manchmal verlangt der Körper auch mal nach einer nichtgrünen Mahlzeit. Hier ist ein frischer vollwertiger Smoothie, der süß und fruchtig daherkommt und eben dazu nicht mal einen Euro kostet.

Nährwerte: Kalorien: 1098,2

Aminosäuren(%)		Vitamine(%)		Mineralien(%)	
Arginin	72	Vitamin B1	128	Calcium	28
Cystin	91	Vitamin B2	62	Kupfer	215
Histidin	102	Vitamin B3	64	Eisen	116
Isoleucin	106	Vitamin B5	68	Magnesium	115
Leucin	72	Vitamin B6	208	Mangan	187
Lysin	56	Folsäure	202	Phosphor	115
Methionin	85	Vitamin A	583	Kalium	87
Phenylalanin	130	Vitamin C	153	Selen	72
Prolin	59	Vitamin E	132	Zink	55
Threonin	98	Vitamin K	12		
Tryptophan	128			Fettsäuren	
Tyrosin	73			Omega 3:	297
Valin	101			O3/O6	1:2

Anmerkungen: Wie nicht anders zu erwarten ist so ein frischer Smoothie aus frischem Obst und Gemüse eine absolute Vitaminbombe. Aber entgegen der verbreiteten Meinung werden auch die Proteine nahezu komplett abgedeckt. Einzig und allein muss an diesem Tag bei Calcium und Vitamin K noch etwas nachgebessert werden. Das Vitamin K kaum vorhanden ist, wundert nicht, da Vitamin K vor allem in grünem Blattgemüse zu finden ist.

Grüne Sehnsucht

200 g TK Spinat 33,8 Cent
200 g Grünkohl 25,8 Cent
20 g Leinsamen 5 Cent
2 Bananen 23,4 Cent
50 g Sonnenblumenkerne 5,5 Cent
35 g Erdnüsse 6,3 Cent

Gesamt: 99,8 Cent

Und nun ein Smoothie VOLLER Greens. Der Smoothie ist nicht ganz so fruchtig wie die Bunte Gefühlswelt, aber dafür pushed Dich der Chlorophyll-Gehalt dieses Smoothies auf eine ganz andere Art als der bunte Mix des Vorgängers. Dazu ist dieser Smoothie für unter einen Euro einer der vollwertigsten, den ich je getrunken habe.

Nährwerte: Kalorien: 919,5

Aminosäuren(%)		Vitamine(%)		Mineralien(%)	
Arginin	135	Vitamin B1	139	Calcium	66
Cystin	98	Vitamin B2	85	Kupfer	234
Histidin	122	Vitamin B3	81	Eisen	145
Isoleucin	149	Vitamin B5	49	Magnesium	131
Leucin	103	Vitamin B6	175	Mangan	221
Lysin	83	Folsäure	146	Phosphor	114
Methionin	106	Vitamin A	1204	Kalium	62
Phenylalanin	208	Vitamin C	123	Selen	91
Prolin	96	Vitamin E	178	Zink	58
Threonin	139	Vitamin K	622		
Tryptophan	202			Fettsäuren	
Tyrosin	145			Omega 3:	317
Valin	139			O3/O6	1:3

Anmerkungen: Dass nur Obst voller Vitamine strotzt, kann man hier wunderbar entmystifizieren. Auch Gemüse enthält sehr viele Vitamine. Und während Obst oft bei den Mineralstoffen und Proteinen etwas schwächelt, so ist Gemüse einfach das vollwertigste und beste Lebensmittel für uns Menschen. Vitamin K ist hier natürlich kein Problem und auch sonst gelingt der grüne Rundumschlag für unter einen Euro ziemlich umfassend. Hier trinkt man für einen Euro seinen Tagesbedarf weg. Ich finde das WAHNSINN!

Wie sich die Menschen verrückt machen, dass die vegane Rohkost so teuer sei und dass es so immens schwer sei, sich da vollwertig zu ernähren. Ausgehend von diesen Rezepten kann man von der HARTZ-4-Regelleistung von 404 € 6-8 Personen monatlich versorgen. Das sind Dimensionen, die diese Gesellschaft einfach nicht realisiert und stattdessen in Wehklagen und Opferhaltung flüchtet. Und da sind noch nicht einmal die kostenlosen Möglichkeiten wie Food Sharing, Containern, und Wildkräuter dabei. Ich kann nur noch einmal betonen, wer sich gesund rohköstlich ernähren will, der kann das in Deutschland von der finanziellen Seite her so einfach tun, so problemlos und so unbeschwert. Ich bin so dankbar, dass ich an diesem Fleckchen Erde geboren bin und kann es einfach nicht fassen, wie undankbar die Menschen in diesem Lande sich äußern!

Liebesnest

200 g goMi (100 g Hafer, 40 g Dinkel, 60 g Roggen)   35 Cent
40 g Leinsamen   10 Cent
100 g Sultaninen   31 Cent
50 g Mandeln   17 Cent
50 g Sonnenblumenkerne   5,5 Cent

Gesamt: 98,5 Cent

Das ist eine richtig sättigende Mahlzeit, die selbst mich mit meinem Riesenmagen definitiv satt macht. Wenn Du noch Zucker dranmachst, dann kommst Du spielend leicht über 2000 kcal für ca. einen Euro. Das Mundgefühl ist auch ziemlich geil. Du hast knackige Dinge wie die Mandeln und die Sonnenblumenkerne, Du hast das Breiige durch die Flocken mit der Leinsamenmilch und Du hast das Saftige durch die Sultaninen.

Zubereitung wie Du Dir mittlerweile denken kannst: Die goMi durch den Flocker drehen oder als Frischkornmüsli zubereiten (also einen Tag vorher in Wasser einweichen). Die Leinsamen zusammen mit ausreichend Wasser (so wie Du es magst) mixen und zusammen mit den Sonnenblumenkernen, Mandeln und Sultaninen zur goMi tun.

Nährwerte: Kalorien: 1811,11

Aminosäuren(%)		Vitamine(%)		Mineralien(%)	
Arginin	167	Vitamin B1	200	Calcium	40
Cystin	223	Vitamin B2	99	Kupfer	337
Histidin	235	Vitamin B3	80	Eisen	203
Isoleucin	164	Vitamin B5	74	Magnesium	177
Leucin	194	Vitamin B6	113	Mangan	423
Lysin	155	Folsäure	62	Phosphor	243
Methionin	94	Vitamin A	1	Kalium	55
Phenylalanin	157	Vitamin C	4	Selen	148
Prolin	162	Vitamin E	213	Zink	114
Threonin	157	Vitamin K	61		
Tryptophan	249			Fettsäuren	
Tyrosin	145			Omega 3:	585
Valin	191			O3/O6	1:2

Anmerkungen: Das ist halt schon eine massive Mahlzeit von der Energie her. Aber manchmal braucht man so etwas einfach. Auffallend ist das Vitamin A und C hier komplett fehlen. Je nach Budget für den Tag helfen hier 200 g Möhren (Vitamin A) für 8 Cent und 1 Orange (Vitamin C) für 15 Cent und dann bist Du mit 1,21 € für den Tag vollwertig dabei. Und nebenbei sind in Beiden auch noch etwas Calcium und Kalium, was an dem Tag zumindest auch noch Luft nach oben hat.

Lebenslust

200 g Linsensprossen 22 Cent
20 g Leinsamen 5 Cent
2 Bananen 23,4 Cent
100 g Süßlupinensprossen 22,7 Cent
50 g Sonnenblumenkerne 5,5 Cent
100 g Möhren 4 Cent
50 g Mohn 14,4 Cent

Gesamt: 97 Cent

Ein Sprossensmoothie ist immer eine gute Gelegenheit Sprossen zu verwerten. Mir passiert es auch oft, einfach zu viele Sprossen angesetzt zu haben. In einem Smoothie kann man diese dann viel schneller und besser verwerten, als wenn man sie einzeln isst. Auch sind sie, wenn sie schon etwas unknackig geworden sind, im Smoothie genauso gut zu gebrauchen. Und generell ist es auch für viele Menschen einfacher, die Sprossen zu essen, wenn sie gemixt sind. Aber immer wieder daran denken: Bei einem Smoothie übernimmt der Mixer die Arbeit der Zähne, aber er kann nicht die Enzyme bilden wie unser Mundraum. Daher einen Smoothie beim Trinken immer etwas im Mund behalten und einspeicheln!

Nährwerte: Kalorien: 1441,1

Aminosäuren(%)		Vitamine(%)		Mineralien(%)	
Arginin	256	Vitamin B1	220	Calcium	94
Cystin	286	Vitamin B2	73	Kupfer	416
Histidin	281	Vitamin B3	76	Eisen	242
Isoleucin	300	Vitamin B5	77	Magnesium	173
Leucin	233	Vitamin B6	200	Mangan	362
Lysin	202	Folsäure	196	Phosphor	240
Methionin	180	Vitamin A	566	Kalium	76
Phenylalanin	361	Vitamin C	73	Selen	89
Prolin	208	Vitamin E	131	Zink	135
Threonin	261	Vitamin K	64		
Tryptophan	210			Fettsäuren	
Tyrosin	268			Omega 3:	331
Valin	264			O3/O6	1:6

Anmerkungen: Eiweißbombe, ein Smoothie für die Bodybuilder oder körperlich schwer arbeitende Menschen. Der Fettgehalt ist hier schon an der Grenze des täglichen Bedarfs. Aber er schmeckt halt einfach absolut sprossig-frisch. Die Nährwerte sind hier wieder einmal alle abgedeckt und man kann wieder einmal für unter 1 Euro am Tag alle Nährstoffe rohköstlich zu sich nehmen. Mit knapp 1500 kcal sind die meisten Menschen auch energetisch voll bedient. Man kann einfach nur immer wieder mit Begeisterung feststellen wie einfach, preiswert und vollwertig die pflanzliche Rohkost ist. Sie ist unsere ureigene Lebensbasis. Lasst uns die Rohkost und unser Leben feiern. Weniger Geld erarbeiten. Mehr Leben. Gesünder Sein. Wunderbare Welt.

Paradisteller

20 g Chiasamen 9,9 Cent
40 g Sesam 18 Cent
2 Äpfel 26,4 Cent
300 g Möhren 12 Cent
1 Orange 15 Cent
50 g Sonnenblumenkerne 5,5 Cent
1 Banane 11,7 Cent

Gesamt: 98,5 Cent

Alles schneiden und in eine Schüssel geben. Für optimale Verwertbarkeit mörsert man die Chiasamen noch an oder kaut beim Essen auf ihnen herum. ☺

Nährwerte: Kalorien: 1038,0

Aminosäuren(%)		Vitamine(%)		Mineralien(%)	
Arginin	104	Vitamin B1	124	Calcium	73
Cystin	127	Vitamin B2	51	Kupfer	341
Histidin	105	Vitamin B3	72	Eisen	167
Isoleucin	118	Vitamin B5	48	Magnesium	113
Leucin	83	Vitamin B6	177	Mangan	147
Lysin	59	Folsäure	72	Phosphor	133
Methionin	122	Vitamin A	1689	Kalium	53
Phenylalanin	147	Vitamin C	122	Selen	97
Prolin	67	Vitamin E	142	Zink	69
Threonin	128	Vitamin K	144		
Tryptophan	159			Fettsäuren	
Tyrosin	92			Omega 3:	239
Valin	110			O3/O6	1:5

Anmerkungen: Ein frischer Obst-Teller mit Chiasamen, Sonnenblumenkernen und Sesam für unter einen Euro! Und schau mal auf die Nährwerte. Wieder einmal mehr fast alle Nährwerte ausreichend bedient. Für unter einen Euro! Das ist doch unglaublich wie die Masse der deutschen Bevölkerung Unsummen von Geld ausgibt, um industriell teilweise hoch verarbeitete „Lebens“mittel zu kaufen, die nur dazu führen, dass aufgrund der Massentierhaltung die gesamte Ökologie der Welt zusammenbricht, sie selber durch tierische Fette und Antibiotika immer kränker werden und sich durch ihre Genusssucht einreden, sie müssten wie die Wahnsinnigen arbeiten, um ihren Standard aufrecht zu erhalten!

Das Leben, die Ernährung ist sooo einfach. Jeder kann locker für 50 € im Monat rohköstlich und vegan leben. Er tut dabei etwas für sich, die Umwelt, die Tiere und spart ein Haufen Geld, mit dem er sinnvolle Dinge tun kann. Manchmal möchte ich einfach nur in die Welt hinausschreien vor lauter Unverständnis über das selbst inszenierte Drama der meisten Menschen.

Indianerehrenwort

1000 g Möhren   40 Cent
20 g Leinsamen   5 Cent
60 g Sesam   27 Cent
2 Bananen   23,4 Cent
40 g Sonnenblumenkerne   4,4 Cent

Gesamt: 99,8 Cent

Ein ganz einfacher und nach meinem Empfinden extrem schmackhafter Smoothie. Viele Möhren, 2 Bananen und dann noch Sesamsamen, Leinsamen und Sonnenblumenkerne. Auch wenn nach Meinung vieler Wissenschaftler die Möhren schon genug Fett an Bord haben, um die Vitamine zu verstoffwechseln, so ist mit diesen Samen sichergestellt, dass genug Fett zur Verfügung steht, den Körper mit fettlöslichen Vitaminen zu versorgen. Achtet bei den Bananen immer darauf, dass diese schwarze Punkte haben. Erst dann entfalten sie ihr köstliches Aroma im Smoothie!

Nährwerte: Kalorien: 1302,5

Aminosäuren(%)		Vitamine(%)		Mineralien(%)	
Arginin	132	Vitamin B1	177	Calcium	101
Cystin	231	Vitamin B2	83	Kupfer	450
Histidin	148	Vitamin B3	113	Eisen	195
Isoleucin	169	Vitamin B5	84	Magnesium	143
Leucin	115	Vitamin B6	257	Mangan	209
Lysin	88	Folsäure	101	Phosphor	167
Methionin	148	Vitamin A	5575	Kalium	101
Phenylalanin	197	Vitamin C	89	Selen	91
Prolin	86	Vitamin E	155	Zink	93
Threonin	245	Vitamin K	71		
Tryptophan	191			Fettsäuren	
Tyrosin	127			Omega 3:	307
Valin	148			O3/O6	1:5

Anmerkungen: Der kompletteste und beste Smoothie dieses Buches und wahrscheinlich auch der Welt. Ganz einfach zu merken und herzustellen. Selbst Problemnährstoffe, wie Calcium und Selen, sind mit ca. 100 % gedeckt. Indianerehrenwort sollte der Standard in einer preisgünstigen rohköstlichen Ernährung sein. Hier ist alles drin, was Du brauchst, für unter einen Euro! Ein gutes letztes Rezept.

Die besten Chips der Welt

Wie geil wäre es denn, wenn es Chips gäbe, die vollwertig, gesund und lecker wären? Also ernsthaft, stell Dir mal vor, Du kannst für 2 € Chips kaufen, die Dich täglich mit allen Nährstoffen so versorgen, dass Du Deinen Tagesbedarf decken kannst. Komplett! Also bis auf ein oder zwei Paranüsse und ein Löffel Leinsamen, die Du noch ergänzen müsstet. Wäre das nicht der komplette Wahnsinn? Wäre das nicht einfach so mega genial einfach und eine absolute Erleichterung im rohköstlichen Alltag?

Du hast einfach eine Tüte mit 200 Gramm Chips, die Dich mit dem Tagesbedarf aller Aminosäuren, Mineralstoffe und Vitaminen versorgt! Was sind das nun für Wahnsinnschips? Das sind Chips aus einem Gemüse, das regional bei uns angebaut werden kann und uns somit auch energetisch auf spiritueller und ökologischer Basis gut tut.

Ein Lebensmittel, das zudem extrem preiswert ist, auch in Bio-Qualität! Die Möhre! Und daraus werden dann auch Möhrenchips gemacht. Diese kosten pro 200 g, was 2 Kilo Rohmöhren bedeutet, geradezu lächerliche 1,78 €. Und, Hey! mir ist bewusst, dass man besser 2 Kilo Möhren so isst, aber es ist einfach realistischer 200 g Chips mal schnell wegzufuttern, als 2 Kilo Möhren zu essen. Und wenn man diese Möhrenchips selber herstellt, dann kosten sie nur 80 Cent + Stromkosten zum Dörren, was bei 9 Lagen im Dörrgerät wie dem Fruit & Jerky ca. 2 € für 24 h sind.

Aber in 9 Lagen sind weit mehr als 2 Kilo zu verarbeiten! Zudem kann man unter „schonend getrocknet, damit die Vitamine erhalten bleiben“ nicht wirklich sicher sein, dass es Rohkost-Qualität hat. Aber die genauen Zahlen der DGE, WHO und anderen Gesundheitsorganisationen sollte man, wie auch schon weiter vorne im Buch erwähnt, nicht zu genau nehmen. Aber kommen wir mal trotzdem zu den Nährwerten von 250 g Möhrenchips!

Nährwerte: Kalorien: 1025,0

Aminosäuren(%)		Vitamine(%)		Mineralien(%)	
Arginin	76	Vitamin B1	138	Calcium	83
Cystin	364	Vitamin B2	112	Kupfer	125
Histidin	119	Vitamin B3	154	Eisen	94
Isoleucin	169	Vitamin B5	137	Magnesium	71
Leucin	101	Vitamin B6	265	Mangan	155
Lysin	111	Folsäure	119	Phosphor	125
Methionin	88	Vitamin A	13922	Kalium	170
Phenylalanin	154	Vitamin C	164	Selen	5
Prolin	68	Vitamin E	143	Zink	55
Threonin	398	Vitamin K	173		
Tryptophan	100			Fettsäuren	
Tyrosin	109			Omega 3:	3
Valin	120			O3/O6	

Was für Werte für 250 Gramm eines Lebensmittels! Und für mich total erstaunlich, wie alle Aminosäuren und damit die Proteine problemlos abgedeckt werden. Wer kennt die Bedenken der Menschen nicht, wenn man auf eine pflanzliche Ernährung umstellt: „Woher bekommt man denn die Proteine?“ Jetzt kann man sagen von Möhren. Und wer mein Buch „Vegane Welt mit wenig Geld“ gelesen hat, der weiß, dass es noch unzählige Proteinquellen gibt und die Proteine kein Problem der veganen Ernährung sind.

Bei den Vitaminen springt natürlich das Vitamin A mit 13922 % ins Auge und da möchte ich noch etwas ergänzen. Bei Cronometer steht zwar Vitamin A, aber letztlich ist das nur eine Umrechnung des Potentials, die sich aus dem Gehalt an Beta-Carotin ergibt, das in der Möhre steckt und was der Körper nicht braucht, befördert er wieder hinaus, was bei der Aufnahme von Vitamin A, durch zum Beispiel tierische Produkte, nicht so einfach ist! Hier in dieser Bilanz fehlen wirklich nur die Omega-3-Fettsäuren, die man durch einen Esslöffel Leinsamen problemlos und 1-3 Paranüsse (je nach Selengehalt) decken kann.

Die Möhre bzw. die Möhrenchips haben sich für mich so im Laufe der letzten Monate wohl als eines der am meist unterschätzten Lebensmittel herausgestellt!

Raw Spirit Power Drink (RaSPoD)

Dieses Rezept ist der absolute Hammer! Das Highlight des Buches für mich! Ich habe schon zu Zeiten, in denen ich mein Geld mit dem unter Zeitdruck simultanen Arbeiten auf sechs verschiedenen Bildschirmen verdient habe, die Samen der Guarana-Pflanze schätzen gelernt. Aber zusammen mit dem Wissen meiner Reise in eine gesunde Ernährung habe ich nun nach etlichen Versuchen ein Getränk kreiert, das ich in diesem Buch nun vorstellen werde. Es ist ein natürlich 100 % rohköstliches Getränk, das die Produktivität UND die Stimmung auf eine gesunde und schonende Weise steigert, wie es mit NICHTS Anderem aus der Rohkostwelt möglich ist. Gerade für mich als Hashimoto-Betroffener ist dieses Rezept ein Garant, um auf Medikamente gegen Stimmungsschwankungen zu verzichten. Daher auch ein eigenes Kapitel zu diesem von mir kreierten Getränk! Das Wissen um dieses Getränk setzt sich aus folgenden Fakten zusammen.

Bessere Stimmung!

Das Tryptophan in der Quinoa ist der Vorläufer des Glückshormons Serotonin. Jedoch kommt die Aminosäure Tryptophan in unserer Nahrung normalerweise immer mit meist sehr vielen anderen Aminosäuren daher, die diese mengenmäßig noch dominieren. Das Problem dabei ist, dass die Blut-Hirn-Schranke eine Art Flaschenhals ist und andere, insbesondere die großen Aminosäuren wie Phenylalanin, Tyrosin, Valin, Leucin und Isoleucin, von den

Transportern ins Hirn bevorzugt werden und so Tryptophan kaum eine Chance hat, ins Gehirn zu gelangen. Daher sollte Tryptophan nie mit einer eiweißreichen Mahlzeit zugeführt werden. In der Quinoa liegt Tryptophan relativ stark vertreten vor und die anderen Aminosäuren sind nicht so dominant wie bei anderen Lebensmitteln. Gute Chancen für das Tryptophan! Aber wir nutzen noch Katalysatoren, um das Tryptophan noch wirksamer zu verwerten. Das wären vor allem Vitamin B6, Magnesium und Mangan. Diese Nährstoffe sind in Quinoa ebenso vertreten. Aber ich wollte noch eine Zutat, die diese Biokatalysatoren für die Tryptophanaufnahme in hoher Konzentration in einer eiweißarmen Zutat bereitstellt. Und ich habe sie gefunden → Bananen! Wunderbar nun haben wir mit Quinoa und Bananen eine perfekte Kombination von Stimmungsbooster und Katalysator dieses Prozesses. Teil 1 des Raw Spirit Power Drink ist fertig!

Bessere Konzentration & Leistungsfähigkeit!

Koffein ist ein wunderbarer Konzentrations-Booster! Allerdings kann die Tryptophan-Aufnahme aus Teil 1 durch ein Zuviel an Koffein gehemmt werden. Daher wäre es schlecht, zum Beispiel unsere Quinoa mit Cola oder direkt extrahierten Koffein zu kombinieren. Wir brauchen Koffein, das sich langsam entfaltet und „mühsam" aus der Nahrung herausgelöst werden muss, um Stimmung UND Konzentration zu steigern & dabei die Gesundheit nicht belastet (Herz). Das finden wir in Guarana! Es hat viele Versuche gebraucht, bis ich das richtige Mischverhältnis von Guarana zu Quinoa herausgefunden habe, so dass Stimmung UND

Konzentration geboostet werden! Dazu habe ich diese Kombination noch mit rohen Kakaobohnen ergänzt, welche Methlyxanthine enthalten, die sowohl psychoaktiv (stimmungsaufhellend) wirken, als auch die kognitive Leistung durch eine Erhöhung des Blutflusses zum Gehirn steigern (bessere Konzentration). Damit ist nun im Teil 2 des Raw Spirit Power Drink die Konzentration erhöht und die Stimmung trotzdem noch hochgehalten! PERFEKT!

Rezept:

15 g Guarana 0,40 €

10 g rohe Kakao Bohnen 0,24 €

20 g Quinoa 0,11 €

2 Bananen 0,19 €

beliebig viel Wasser

Gesamt: 0,94 €

Wenn Du generell sensibel auf Inhaltsstoffe reagierst, starte lieber mit einem Viertel oder der Hälfte der angegebenen Menge! Aber achte immer darauf dass das Verhältnis exakt stimmt. Und erwarte nicht dass der Drink GUT schmeckt. Hier geht es nur um die Wirkung!

Die Wirkung setzt nach spätestens 10 Minuten ein. Die Wirkung ist nicht wie bei Energydrinks wie ein Dampfhammer, sondern kommt langsam, ABER DEUTLICH WAHRNEHMBAR! Es gibt dann nach 30 Minuten bis 1,5 h bei einigen Menschen eine kleine Down-Phase von 5-15 Minuten, aber dann setzt eine stundenlange klare Konzentration und gute produktive Stimmung ein. Dieses Rezept wird nicht der Industrie zur Verfügung gestellt oder per Patent geschützt. Dieses ist für JEDERMANN zur freien Verfügung, wie all mein Wissen und mein Schaffen. Probiert es aus und wenn Du begeistert bist, aufgrund einer gesteigerten Lebensqualität, dann würde ich mich natürlich trotzdem freuen, wenn Du meine Arbeit auf eine sich für Dich gut anfühlende Weise unterstützt, per Patreon, Weiterempfehlungen oder Knüpfen von Kontakten zu Personen, mit deren Hilfe ich noch mehr Menschen erreiche und mit echtem Wissen und Ehrlichkeit die Welt verbessern kann.

Zur Komplettierung noch die Nährwerte, auch wenn es bei diesem Getränk für mich einzig und allein auf die Wirkung drauf ankommt.

Nährwerte: Kalorien: 384,5

Aminosäuren(%)		Vitamine(%)		Mineralien(%)	
Arginin	11	Vitamin B1	17	Calcium	3
Cystin	11	Vitamin B2	18	Kupfer	34
Histidin	31	Vitamin B3	12	Eisen	26
Isolcucin	15	Vitamin B5	19	Magnesium	25
Leucin	13	Vitamin B6	74	Mangan	45
Lysin	12	Folsäure	21	Phosphor	24
Methionin	14	Vitamin A	5	Kalium	24
Phenylalanin	17	Vitamin C	24	Selen	37
Prolin	11	Vitamin E	5	Zink	9
Threonin	13	Vitamin K	1		
Tryptophan	20			Fettsäuren	
Tyrosin	8			Omega 3:	9
Valin	16			O3/O6	1:8

„Das Leben ist einfach, aber wir bestehen darauf, es kompliziert zu machen.“

Konfuzius

Abschließende Gedanken

Probleme

Nach den vielen Rezepten aus meinem Alltag und den verbundenen Nährstoffanalysen hast Du gesehen, dass es kein wirkliches Problem in der preiswerten Rohkost-Ernährung gibt - zumindest solange Du einfach isst, was Du brauchst. Wenn Du allerdings, was absolut nachvollziehbar ist, viel Abwechslung in Deinen Ernährungsalltag einbauen willst, dann erkennst Du schon ein paar Dinge, die sich für den Ein oder Anderen tatsächlich als Problem herausstellen könnten.

Nur um es noch einmal deutlich zu sagen: Wir alle sollten den Weg beim Essen vom kurzfristigen Genuss hin zum langfristigen Genuss durch eine optimale Gesundheit gehen, wenn wir Interesse haben, das Beste und damit das Artgerechteste für unser Leben herauszuholen.

Das Erste ist, dass es quasi jeden Tag Leinsamen oder, wenn das Budget es hergibt, Chiasamen oder Hanfsamen auf dem Speiseplan stehen. Es mag den Ein oder Anderen geben, der nichts davon mag oder vor allem Leinsamen (aus Genussaspekten) nicht ausstehen kann. Aber hier hat man immer die Möglichkeit, Leinsamen mit Wasser zu einer Milch oder mit Orangen oder anderen Obst und Gemüsesorten zu einem Dressing zu verarbeiten. Und glaube mir, wenn Du die hochkonzentrierten und damit hoch verarbeiteten Öle aus Deiner Ernährung verbannst, dann wirst Du Dich irgendwann jedes Mal total freuen, wenn Du Fette in Deine Nahrung bekommst.

Wir essen grundsätzlich alle viel zu viel Fett, egal ob gesund oder ungesund. Das liegt einfach daran, dass wir freien Zugang zu Fetten haben. Wir müssen es nur im Supermarkt kaufen. In der Natur hätten wir massive Probleme, uns so fettreich zu ernähren und das ist ein gutes Zeichen dafür, dass wir zeitweise auch ohne die essentiellen Fette auskommen könnten. Also wenn Du keinen Samen magst, dann esse sie erst einmal gar nicht. Dein Körper wird Dir schon irgendwann signalisieren, wenn er diese braucht und dann ist Dir egal, was es ist, weil Du endlich so isst, wie es von der Natur gewollt ist: bedürfnisgerecht und nicht genussgerecht!

Zweites Problem ist das Selen. Paranüsse als offiziell anerkannte beste natürliche Selenquelle ist sehr teuer. Zwar reichen eine bis drei Paranüsse für den Tagesbedarf aus, aber die Paranuss ist ein Naturprodukt und unterliegt daher Schwankungen. Bei Paranüssen ist zum Beispiel die Bodenqualität von großer Bedeutung. Südamerikanische Paranüsse haben im Vergleich regelmäßig eine höhere Nährstoffdichte als Asiatische. Aber Selen ist auch in sehr viele anderen Lebensmitteln enthalten, allerdings auf den errechneten Tagesbedarf bezogen in sehr geringen Dosen.

Eine wirkliche rohköstliche preiswerte Lösung gibt es jedoch. Nur hatte ich in den Rezepten diese aus dem Grund nicht erwähnt, weil ich ja den Anspruch hatte, dass alles gekauft und einfach zuzubereiten ist. Das Keimen von Sprossen ist schon für viele eine große Herausforderung im Arbeitsalltag und entsprechend wäre das Ziehen und Kultivieren von Gräsern wahrscheinlich für die meisten keine gangbare Alternative. Aber das wäre für eine natürliche und preiswerte Lebensweise notwendig. Denn dann könnte man Weizengras ziehen, was eine wunderbare, kostengünstige Selenquelle ist.

Dieses Gras kann man entweder in einen Smoothie mit rein schmeißen oder man entsaftet es und trinkt den Saft als Shot. Anfänger aber bitte mit ausreichend Wasser verdünnen, da die intensive grüne Power für den Durchschnittsmenschen der Gesellschaft einfach sehr ungewohnt ist. Dazu aber noch der Hinweis, dass ich die Smoothie-Variante deutlich vorziehe, weil das Trennen von Ballaststoffen und Nährstoffen durch das Entsaften nach Meinung der Wissenschaft, was sich in dem Fall auch mit meiner persönlichen Überzeugung deckt, suboptimal ist. Generell sollte man die natürliche Nahrung auch so natürlich wie möglich verzehren.

Drittes Problem ist das Calcium bzw. Calcium in ausreichender Menge preiswert rohköstlich zu sich zu nehmen. Das bedeutet für unter 50-60 € im Monat ist eine Herkulesaufgabe. Ich habe dies lange Zeit mit gefrorenem Grünkohl bewerkstelligt, da Sesam und Mohn immer auch wieder die problematischen Fette mit sich bringen.

Aber wie bei allen Nährstoffen bin ich überzeugt, dass wenn wir uns roh und facettenreich ernähren und dabei auf den Körper hören, wir gar keine Ernährungsempfehlungen brauchen. Nicht jeder kann das umsetzen, weil er einfach kein gutes Körpergefühl hat und daher sind auch die Empfehlungen eine gute Sache.

Jedoch sollte man sich nicht verrückt machen, wenn man dauerhaft bei Calcium zu wenig aufnimmt. In einer Studie (https://www.ncbi.nlm.nih.gov/pubmed/23403980) hat man herausgefunden, dass ein Zuviel an Calcium viel gefährlicher ist als ein Zuwenig. Das ist ein klares Indiz dafür, dass die Empfehlung mit 1000 mg am Tag viel zu hoch ist. Warum kann das sein? Weil in der Zeit, in der die Nährstoffempfehlungen getroffen wurden, wie auch heute noch, tierische Nahrung ein fester Bestandteil der Mitte der Gesellschaft war (erinnere Dich an das Kapitel, in dem beschrieben wird, wie die Nährstoffempfehlungen zu Stande kommen). Und da artfremde Ernährung auch immer vom Körper kompensiert werden muss, braucht er mehr Mineralstoffe.

Fragt Dich doch mal ernsthaft mit Deinem gesunden Menschenverstand warum ausgehend der Empfehlung von 1000 mg am Tag eine über 400 mg höhere Dosis eines essentiellen Mineralstoffs mit einer höheren Sterblichkeit verbunden ist als eine Versorgung mit über 400 mg weniger (das sind die Ergebnisse der oben genannten Studie). Ich komme in meinem Leben und mit meiner Erfahrung aus nun 40 Jahren intensiver Beschäftigung mit der Ernährung immer mehr zu der Erkenntnis, dass **viel weniger notwendig** an Kalorien und Nährstoffen ist, als angenommen. Wir leben in einer Überflussgesellschaft mit einem starken Sicherheitsbedürfnis, immer noch ausgelöst durch die beiden Weltkriege. Aber wir kommen durch die Informationsgesellschaft immer mehr in eine neue Phase der geistigen Evolution, wo wir unsere Konditionierungen und Schwachstellen erkennen.

Supplementierungen

Supplementierungen bezeichnet Stoffe, die man losgelöst natürlicher Nahrung zu sich nimmt. Ich möchte explizit darauf hinweisen, dass ich hier eine gespaltene Einstellung habe. Einerseits zeichnet die Wissenschaft und auch die Alternativmedizin hier einen klaren Konsens, dass es bei einer veganen Rohkost sinnvoll ist, Vitamin B12 zu supplementieren. Anderseits regt sich in mir ein innerer Widerstand zu akzeptieren, dass wir uns nicht unabhangig von Nahrungssupplementen vollwertig ernähren können.

Ein Ansatz, um dieses Dilemma aufzulösen, wäre, die ganze Vitamin- und Nährstofftheorie als veraltetes Wissen zu deklarieren und hin zu einer ganzheitlicheren Sichtweise auf unsere Ernährung zu wechseln. An dem Punkt bin ich aber noch nicht und ich bin mir auch nicht sicher, ob dahin auch meine persönliche Reise gehen wird. Zu vielen Einflussfaktoren bin ich unterlegen, um auf Verstandesebene eine Überzeugung zu Papier zu bringen.

Mir ist es ein großes Bedürfnis, diese „Unsicherheit" mit Dir zu teilen. Ich hege an mich den Anspruch, ehrlich und authentisch mit jedem Menschen umzugehen. Derzeit wähle ich für mich noch die Option, mich täglich mit Vitamin B12 aus der Dose zu versorgen. Weiterhin nehme ich auch noch Vitamin D zu mir, da ich meinen Arbeitsplatz noch außerhalb der Sonne habe und dieses Vitamin in ausreichender Menge, in unseren Breitengradem nur bei andauerndem Aufenthalt im Freien gewährleistet ist. Je nachdem wie umfassend Deine Ernährung ist können noch andere Supplemente in Frage kommen. Aber ich möchte keine generelle Empfehlung geben. Wenn Du Interesse hast, Deine Ernährung individuell von mir auswerten zu lassen, dann schreibe mich einfach an und wir machen einen Termin aus, an dem wir versuchen, gemeinsam individuell auf Dich abgestimmt zu schauen, wie vollwertig Du Dich ernährst. Weitere Informationen findest Du auf meiner Homepage: http://www.christian.yt.

Wo ist der Abfall?

In all den Rezepten fällt so gut wie kein Abfall an, denn Äpfel, Möhren und Rote Beete werden mit Schale gegessen. Bei Blumenkohl und Brokkoli werden nicht nur die Röschen, sondern auch der Stiel mit gegessen und bei den Kernen, Nüssen und Saaten wird auch alles verwertet, bei der Tiefkühlware sowieso. Nur bei der Banane und der Orange fällt für die meisten Menschen Abfall an. Für die Bananenschale habe ich bisher keine alltagstaugliche Lösung gefunden. Man kann, wenn man sie in Bio-Qualität kauft, durchaus sehr reife Bananen mit Schale in den Smoothie stecken und schmeckt keinen Unterschied. Aber das war es dann auch schon. Bei den Orangenschalen hingegen habe ich eine sehr praktikable und durchaus sinnvolle Methode gefunden, um diese zu verwerten.

Orangenmehl!

Orangen schälen, die Schale im Dörrgerät oder der Sonne richtig fest austrocknen lassen und dann im Mixer zu Mehl verarbeiten. Mit gerade mal 100 g des Orangenmehls, was den Schalen von ca. 5 Orangen entspricht, generieren wir bereits über 130 % des Tagesbedarfs an Vitamin C. In diesen 100 g „Abfall" sind auch ein Viertel des Tagesbedarfs an Folsäure und Vitamin A enthalten. Fast ein Zehntel aller Mineralstoffe und viele andere Vitamine des Tagesbedarfs und zusätzlich noch alle Aminosäuren sind enthalten - in sehr kleiner Menge, aber wie wir wissen kann der Körper auch aus sehr wenig sehr viel rausholen!

Also diese Orangenschale strotzt nur so von Nährstoffen. Wenn man dann bedenkt, wie die Menschen unzufrieden sind, dass sie „kein Geld“ zur Verfügung haben, aber die Orangenschalen, Kiwischalen, diverse Strünke und Blätter von Lebensmitteln einfach wegschmeißen, weil sie nicht gelernt haben diese zu verwerten, dann zeigt das einmal mehr, wie viel Potential noch in unserer Lebensweise steckt!

Exkurs: Kostenlose Gesundheit

Wir machen uns Gedanken wie wir uns preisbewusst ernähren können, um gesund und vital durch alle Lebensabschnitte zu gehen. Aber viele Menschen sind sich gar nicht bewusst, dass die Bewegung unseres Körpers einen großen Einfluss auf unsere Gesundheit hat und zudem noch KOSTENLOS ist!!! Ende der Zwanziger und mit Beginn des 30. Lebensjahres hat der Mensch den Höhepunkt an Kraft und körperlicher Vitalität erreicht. Daher gibt es auch so viele junge YouTuber und Blogger, die mit ihrem schönen Aussehen für die unterschiedlichsten Ernährungsweisen werben. Fakt ist aber, bis zu dieser Zeit ist es fast egal, was man isst, man baut trotzdem Muskulatur auf und verbraucht dabei sehr viel Energie.

Erst in den 30igern verliert die Muskulatur stetig an Kraft. Die Muskelfasern nehmen an Dicke ab. Aber man kann diesem Effekt entgegenwirken. Während man bis zum 30. Lebensjahr quasi nichts tun musste und die Muskeln trotzdem angewachsen sind, verhält es sich nun ab 30 Jahren genau anders herum. Ohne Muskeltraining verlieren wir ab dem 30. Lebensjahr pro Jahrzehnt ca. 3 Kilo Muskelmasse, die in kraftloses Fettgewebe umgewandelt werden. Da Fett leichter als Muskeln ist bedeutet das nicht zwangsläufig dass Du zunimmst! Aber Deine Muskeln werden dünner obwohl das Gewicht stabil bleibt. Ich kenne viele Menschen meines Alters, die so stolz sind, dass sie ihr Gewicht aus der Jugendzeit noch gehalten haben. Aber wenn nicht mehr trainiert wurde, dann ist einfach der

Fettanteil höher geworden und insbesondere wenn sich dies um die Organe legt, was von außen nicht sichtbar ist, verschlechtert sich die Gesundheit trotz stabilen Gewichtes immer weiter.

Weiterhin wird auch der Grundumsatz, also die Energie die wir täglich verbrauchen, geringer und auch die Blutfett-, die Cholesterin- (bei tierischer Ernährung) und die Triglycerinwerte steigen an und damit das Risiko auf Herzinfarkt und Schlaganfall mit jedem Jahr ebenso.
Daher muss man frühzeitig, wenn man dem entgegenwirken will, regelmäßiges Ausdauertraining in seinen Alltag integrieren.

Wobei ein Mythos unbedingt mal aufgedeckt werden muss: Training erzeugt keine neuen Muskeln! Auch Patrik Baboumian, der stärkste Mann der Welt, ein Veganer, hat genau die gleiche Anzahl an Muskeln bzw. Muskelfasern und -bündel wie Du. Eine Ausnahme ist da nur das Herz! Die Dicke der Fasern und damit auch die von uns wahrgenommene Kraft kann man durch Muskeltraining sehr wohl beeinflussen, aber nicht die Anzahl der Muskelfasern.

Durch wiederholte Übungen und Belastung wird die vermehrte Produktion eines Hormons angeregt, was ähnlich dem Testosteron eine anabole, also aufbauende Wirkung hat, sodass der Muskel bis zur individuellen Grenze an Umfang gewinnt. Im Alterungsprozess kommt es dann immer weiter dazu, dass die Größe diverser

Körperzellen und auch die Leistungsfähigkeit schrumpft. Man kann diesen Prozess nicht komplett aufhalten, aber extrem verlangsamen.

Das für die körperliche Gesunderhaltung wichtigste Organ ist das Herz. Ein gesundes Herz ist, wie schon erwahnt, auch nur ein Muskel, ein so genannter Hohlmuskel. Durch regelmäßige Bewegung nimmt er konstant an Volumen zu und wird leistungsfähiger. Das bedeutet, der Ruhepuls sinkt, das Herz kann ökonomischer arbeiten, der Blutdruck sinkt, die Elastizität der Gefäße verbessert sich, man regeneriert nach körperlicher Belastung viel schneller und die Zahl der roten Blutkörperchen, die für den Sauerstofftransport verantwortlich sind, nimmt zu.
Nehmen wir aber nur mal als plastisches Beispiel den Ruhepuls. Wenn man davon ausgeht, dass Dein Herz 75-mal pro Minute schlägt, dann wären das ca. 100.000 Schläge am Tag und 40 Millionen Schläge in einem Jahr. Nach 70 Jahren hat das Herz 70 Milliarden Mal geschlagen, ohne körperliche Bewegung und einem entsprechenden Ruhepuls. Wenn Du Dich aber regelmäßig bewegst ist es kein Problem, Deinen Ruhepuls auf 55 Schläge zu reduzieren.

Das bedeutet, das Herz muss im Jahr ca. 10 Millionen Schläge weniger machen. Die Schlussfolgerungen daraus möchte ich Dir selber überlassen. So viel wie man sich auf die Ernährung stürzt und Bücher wälzt und ewig und drei Tage über die perfekte Ernährung sinniert, so wichtig wäre es 3-4 mal die Woche Ausdauersport zu machen. Und nicht nur weil das Herz effektiver arbeiten kann und man dadurch wahrscheinlich wesentlich länger lebt, sondern auch weil in einem trainierten Körper die höhere Anzahl roter

Blutkörperchen dazu führt, dass der Körper mit dem lebensnotwendigen Sauerstoff versorgt wird.

Aber nicht nur die Muskeln, auch die Gelenke sollten regelmäßig bewegt werden, damit die entsprechende Gelenkschmiere in der Gelenkkapsel geschmeidig bleibt. Des Weiteren ist eine trainierte Ausdauerlunge viel besser in der Lage, ruhiger und kräftiger und vor allem tiefer zu atmen, da man im Sport auch ökonomisch mit der Atemluft und den Einatmungsvorgängen umgehen muss. Schwimmen ist da das beste Beispiel. Da muss man schnell und tief einatmen, um die Luft möglichst lange nutzen zu können. Und umso trainierter eine Lunge, desto mehr Kapazität hat sie natürlich. Und letztlich ist es natürlich das gesamte Wohlbefinden und damit auch einhergehend die Optik, die durch Bewegung erhöht wird.

Nur durchtrainierte und muskulöse Menschen sind wirklich natürlich durch und durch schön. Da stimmt Geist und Körper.

Weiterhin führt ein hoher Anteil an Bewegung auch dazu, dass man besser Schlafen kann. Wenn man zum Beispiel, wie viele heutzutage, nicht körperlich schwer arbeitet, aber sich geistig belastet, dann entstehen Stresshormone, die eben nicht durch den vermehrten Sauerstoff, welcher durch Ausdauersport gebildet wird, innerhalb der Körperzellen abtransportiert werden können. Wenn man sich körperlich belastet, stellt sich danach eine gesunde Müdigkeit ein und man kann besser einschlafen.

Weiterhin ist durch zahlreiche empirische Studien belegt, dass das grundsätzliche Wohlbefinden durch einen stetigen Ausdauersport wie Walken, Radfahren oder Laufen im Schnitt um ein Fünftel höher ist bei sonst gleichen Lebensumständen.

Und was ist das richtige Maß? Wie viel Bewegung und wie viel Ausdauersport werden allgemein als optimal betrachtet? Nach meinen Recherchen über die Jahre würde ich sagen viermal die Woche mindestens 30 Minuten ins Schwitzen kommen. Aber mache nicht den Fehler zu intensiv anzufangen. Auch wenn am Anfang die Motivation groß ist, mache kleine Schritte und lass Deine Muskulatur die Zeit, sich langsam an die neuen Belastungen zu gewöhnen. Sonst sitzt Du monatelang da und kannst gar keinen Ausdauersport machen. Und dann tritt nämlich genau der gegenteilige Effekt ein, dass man durchaus anfällig für trübselige oder sogar depressive Gedanken ist!

Also geh raus und beginne kleine Strecke zu laufen, auf keinen Fall direkt mit Jogging anfangen wenn Du untrainiert bist, sondern erst einmal Walking oder setz Dich aufs Rad. Aber auch da aufpassen, nicht wie Dschamolidin Abduschaparow aus dem Sattel gehen, sondern langsam und stetig die Leistung steigern. Es gibt genau wie bei der Erhöhung einer gesunden Ernährung nichts, was gegen eine erhöhte Bewegung spricht. Und wenn jemand, der hin und wieder ein Stück Fleisch isst, sonst vollwertig unterwegs ist und sich ausreichend bewegt, dann lebt er mit Sicherheit gesünder als jeder Veganer oder Rohköstler, der nicht regelmäßig ins Schwitzen kommt.

Es ist immer die Summe der Taten, die eine gesunde Lebensweise ausmachen und nicht nur einzelne Fakten. Gesunder Geist, durch Toleranz und Nächstenliebe, ausreichend Bewegung mit frischer Luft und ausreichend Sonne, eine gesunde Abhärtung durch Wechselbäder, Barfußlaufen und Saunieren und eine pflanzliche Ernährung mit einem hohen Anteil an rohen, unverarbeiteten Lebensmitteln.

Es ist meiner Erfahrung nach so EXTREM wichtig, sich ausreichend zu bewegen. Das ist eine tiefe persönliche Erfahrung. Daher auch am Ende des Buches das Teilen dieser Erkenntnis!

So, ich hoffe das Buch hat Dich inspiriert und motiviert. Nicht viele müssen in Deutschland von 50€ im Monat leben, aber es ist doch ein gutes Gefühl zu wissen, dass Du nicht mehr brauchst. Und das zu zeigen, war mir ein tiefes Bedürfnis. Ich wünsche Dir ein bewusstes und zufriedenes Leben.

Dein Christian <3

Danksagung

Ich möchte an dieser Stelle einmal ganz explizit den Menschen einen Dank aussprechen, die mich monatlich freiwillig mit einem Geldbetrag unterstützen.

Ohne diese Menschen könnte ich nicht diese ehrliche, von keinem anderen Interesse als auf der Suche nach Wahrheit getriebene und für so viele Menschen lebensverbessernde Arbeit machen!

Dieses Buch hat somit keine unternehmens- oder lobbyspezifischen Hintergründe. Dieses Buch ist komplett religionsfrei und möchte keinen Menschen bekehren. Dieses Buch konnte einfach so aus meinen Erfahrungen und Recherchen geschrieben werden.

Danke an diese Menschen.

Wenn auch Du meine Arbeit unterstützen möchtest, dann würde ich mich freuen, wenn Du Dich auf der Seite

https://www.patreon.com/poertzel

umschaust und Dich fragst, ob Du auch mein Lebensprojekt unterstützen möchtest.

Ich würde mich über jeden Betrag sehr freuen, denn wie Du nun gesehen hast: Selbst mit einem Euro kann man schon einen ganzen Tag rohköstlich, vollwertig und gesund Leben.

Links zu genutzten Produkten

(nur im ebook anklickbar)

Beluga Linsen (Amazon.de)	5,38 €/kg
Süßlupinen (prohviant.de)	6,95 €/kg
Linsensprossen (berechnet)	1,10 €/kg
Süßlupinensprossen (berechnet)	2,26 €/kg
Flockenquetsche (Amazon.de)	134,80 €
Bio Nackthafer (Amazon.de)	2,60 €/kg
Bio Dinkel (Amazon.de)	2,56 €/kg
Bio Roggen (Amazon.de)	1,64 €/kg
Guarana (Amazon.de)	26,80 €/kg
rohe Kakao Bohnen (Amazon.de)	23,98 €/kg
Quinoa (Amazon.de)	5,40 €/kg
Chia Samen (Amazon.de)	4,95 €/kg
Leinsamen (Amazon.de)	2,50 €/kg
Erdnüsse (Amazon.de)	1,80 €/kg
Sonnenblumenkerne (Amazon.de)	1,09 €/kg
Bio Sesam (Amazon.de)	4,50 €/kg
Buchweizen (Amazon.de)	2,49 €/kg

Buch Eat to Live (Amazon.de)	24,80 €
Buch How not to die (Amazon.de)	21,99 €
TK Blattspinat (Discounter)	1,69 €/kg
Möhren (Discounter)	0,40 €/kg
Sojasoße glutenfrei (Amazon.de)	7,31 €/l
Paranüsse (prohviant.de)	16,95 €/kg
Kurkuma (Amazon.de)	32,70 €/kg
Dattelmus (Amazon.de)	2,54 €/kg
Mohn (Amazon.de)	3,68 €/kg
Rote Beete (horsepowerfood.eu)	0,55 €/kg
Äpfel (horsepowerfood.eu)	1,06 €/kg
Banane (Discounter)	0,99 €/kg
TK Grünkohl (Kaufland)	1,29 €/kg
Möhrenchips (Amazon.de)	8,90 €/kg
Zwiebeln (Discounter)	0,45 €/kg
Blumenkohl (Discounter)	0,89 €/kg
Sultaninen (Discounter)	3,16 €/kg
Mandeln (Discounter)	3,40 €/kg

Rechtliches

Ich bin Teilnehmer des Partnerprogramms von Amazon EU. Das bedeutet wenn Du ausgehend auf eine Empfehlung von mir, also das Klicken des Links, zu Amazon gelangst, bekomme ich eine Werbekostenerstattung. Du zahlst natürlich nicht mehr, sondern den gleichen Preis, wie als würdest Du von woanders auf die Amazon Seite gelangen.

Ich bin kein gelernter Arzt und die Informationen die ich recherchiere und wieder geben sind lediglich eine persönliche Einschätzung und erlebte Erfahrungen. Nutze dies als zusätzliche Informationsquelle und bilde Dir Deine eigene Meinung auf Basis von vielen Meinungen!

10885181R00075

Printed in Germany
by Amazon Distribution
GmbH, Leipzig